CROW
COU-RAGE

CROW

COU-RAGE

GESCHICHTEN VON GUTEN MENSCHEN

Herausgegeben von Susanne Matz

PalmArtPress
Berlin

COU-RAGE zeigt die Notwendigkeit, für das Unmögliche zu kämpfen, um den unmöglichen Frieden in uns zu berühren und ein Bild von ihm zu erstellen.

– CROW, 2023

Inhalt

Ein Vorwort — 11
Die Idee — 13

Gao Zhen – The Gao Brothers
Identität — 16
Geduldet — 17
Interview mit Gao Zhen — 18

Ekatarini Alexiadou – Die Rescuer-Nana
Mit ihren eigenen Worten — 63
Der Schlag auf die Nase. — 68
Nicht ich! — 70

Meine Mutter – 1936-2020
Geschichten (m)einer Mutter — 76
Grabrede eines Kindes — 80

Wu Shang – Bewegte Kunst
Mein Freund Wu Shang — 85
The Moving Art – Die bewegte Kunst — 86

Rainer Langhans – Simple Life, High Thinking
Der Revolutionär — 98
Eine Begegnung — 99
Ein Gespräch — 100
Kampf ist es nie, es ist Liebe! — 102
Ich nicht! — 105

Sabine – Die Wut auf mich selbst
Als Stefan geboren … — 124

CARSTEN – DER STADTPARK-POET

Ein bewusstes Leben	134
Auf der Suche nach Selbstwert	135
Seelengesang	139
Erleuchtung	144

BRUCE – VOM GEFANGENEN KIND ZUM WOLF

Erinnerungen	148
Vom Paulus zum Saulus	149
Der Zug in die Hölle	155
Der Mann aus den Bergen	157
Meine Seelentiere	160
Die Tattoo-Angels	164
Betreten verboten	166

REYHAN – ZU BESUCH IM MÄRCHENLAND

Als die Drachen kamen	172
Reyhan erzählt	174

COU-RAGE: DAS KUNSTPROJECT

Wofür stehst Du ein?	181
Die Kraft der kleinen Dinge	182
Wofür stehe ich ein?	183
Die Stimme im Herzen	184
Die Idee der Freiheit	185
Bedingungslose Liebe	186
Lebendige Leidenschaft	187
Gedanken	188
Was ist mit Dir?	189

DANKSAGUNG	205
DER AUTOR	206

COU-RAGE Analog Fotoserie mit Acryl und Pen, 2023 Foto © CROW

EIN VORWORT

Es gibt viele Menschen, die große Dinge tun. Menschen, die ferne Planeten entdecken, Computer erfinden, wichtige Bücher schreiben oder Revolutionen anführen. Menschen, deren Geschichten die Bibliotheken und Kinoleinwände dieser Welt füllen. Menschen, die zu Legenden oder Helden werden. Jeder hat schon oft von ihnen gehört.

Dieses Buch erzählt aber nicht von diesen großen Berühmtheiten unserer Zeit oder aus längst vergangen Tagen. Vielmehr soll es erzählen von Menschen, die ihr ganzes Leben einer Sache widmen, ihren Weg unbeirrt gehen und so vielleicht sogar die Geschichte beeinflussen, ohne dass man es direkt wahrnimmt.

Selbstlos, gnadenlos und teils ohne Rücksicht auf die eigene Gesundheit. Sie werden belächelt, verhöhnt, bedroht und ausgegrenzt. Sie folgen einer unbändigen Kraft, die sie immer weiter vorantrieb. Unaufhaltsam. Getrieben von einer unsichtbaren inneren Kraft und mit Mut – und Wut!

Die Welt ist bevölkert von besonderen Menschen, deren Geschichten uns inspirieren und uns daran erinnern, dass das Leben nicht immer einfach ist, aber dennoch gelebt werden sollte. Diese außergewöhnlichen Menschen sind Mütter und Väter, Revolutionäre und Künstler, die durch ihren unbeirrten Weg im Leben eine tiefe Spur hinterlassen haben.

Mütter und Väter sind oft die ersten Helden, die wir in unserem Leben kennenlernen. Sie opfern ihre Zeit, Energie und Liebe, um uns aufzuziehen und uns die Werte des Lebens beizubringen. Ihre bedingungslose Hingabe macht sie zu außergewöhnlichen Menschen, die in der Lage sind, selbst in den schwierigsten Zeiten für ihre Kinder da zu sein. Ihr Einfluss erstreckt sich weit über die Kindheit hinaus und prägt uns ein Leben lang.

Revolutionäre sind Menschen, die den Mut haben, gegen bestehende Normen und Ungerechtigkeiten anzukämpfen. Sie setzen sich für Veränderungen ein und riskieren oft ihr eigenes Wohl, um eine bessere Welt zu schaffen. Solche Menschen sind die Triebfedern hinter sozialen Bewegungen und politischen Veränderungen, die die Gesellschaft nachhaltig beeinflussen.

Sie sind diejenigen, die den ersten Schritt wagen, wenn niemand sonst bereit ist.

Künstler sind Visionäre, die die Welt durch ihre Kreativität und ihr Talent bereichern. Sie vermitteln Emotionen, Geschichten und Gedanken durch ihre Werke, die uns tief berühren können. Künstler sind oft Außenseiter und Wegbereiter, die neue Perspektiven und Ideen schaffen. Ihre Werke bleiben oft lange Zeit nach ihrem Tod erhalten und inspirieren Generationen von Menschen.

Menschen, die unbeirrt ihren Weg im Leben gehen, sind eine Quelle der Inspiration.

Doch nicht jeder Mensch, über den in diesem Buch erzählt werden soll, hatte ein einfaches Leben. Einige wurden politisch verfolgt und eingesperrt, weil sie für ihre Überzeugungen eintraten. Sie ertrugen Folter und Unterdrückung, um für Freiheit und Gerechtigkeit zu kämpfen. Ihre Geschichten erinnern uns daran, dass wir nie aufhören sollten, für das zu kämpfen, was richtig ist.

Insgesamt sind solche Menschen diejenigen, die die Welt durch ihre Taten und ihre Hingabe zu einem besseren und inspirierenden Ort machen. Sie erinnern uns daran, dass jeder von uns die Macht hat, etwas Besonderes zu sein und einen positiven Einfluss auf die Welt zu haben. Ihr Erbe lebt in unseren Herzen fort und ermutigt uns, jeden Tag unser Bestes zu geben.

Dieses Buch steht für Menschen, die selbstlos, couragiert und aufopferungsvoll einem Ziel gefolgt sind. Verzichtet haben, einer inneren Stimme gefolgt sind, geweint und geblutet haben, um einen Lebenstraum zu erfüllen, um Wunden zu heilen, neue Wege zu gehen oder einfach nur, um ein bisschen Glück zu finden.

CROW, Januar 2023

DIE IDEE

Wofür stehst Du ein?

Diese Frage war es, die alles ins Rollen brachte. Diese Frage bewegte mich und darauf folgten viele weitere Fragen.

Es sind nicht die großen Taten, die man als Courage bezeichnet, sondern die kleinen Dinge, die im Stande sind, unsere Wirklichkeit zu erschüttern, um ihr eine neue Dimension zu öffnen.

Wofür stehst Du ein?

Ist es vielleicht ein Ort, ist es Deine Familie, sind es Deine Mitmenschen?

Und wie sieht es mit Dir persönlich aus, stehst Du auch für Dich ein? Ich meine, stehst Du ein für Deine Gedanken, für Deine eigene Wahrheit?

Deine gewählten Worte und Deine daraus resultierenden Handlungen?

Stehst Du ein für die Stimme in deinem Herzen und die Lebensaufgabe, die Du mitgebracht hast?

Lebst Du Deine Bestimmung, ohne Dich zu verstecken?

Bist Du frei und lebendig und liebst Du mit deinem ganzen Sein ohne jegliche Bedingung?

Also stehe für das ein, was Du wirklich liebst, lebst und bist!

Ich bin der Meinung, dass man zuerst ein Mensch sein muss, bevor man ein Künstler sein kann.

– Gao Zhen

GAO ZHEN
THE GAO BROTHERS

Foto © CROW

IDENTITÄT

Die GAO BROTHERS sind zwei chinesische Künstler-Brüder namens Gao Zhen (1956) und Gao Qiang (1962), geboren in Jinan in der Provinz Shandong im Nordosten Chinas.

Ihre Arbeiten sind mit politischen und sozialen Anliegen aufgeladen, teils mit wiederkehrender Verwendung von Maos Abbild. Gao Zhen, der ältere der Brüder, berichtet, dass 1968 ein entscheidender Moment in der Kulturrevolution war, in dem eine politische ‚Säuberung' stattfand: „Unser Vater, ein einfacher Arbeiter, wurde ins Gefängnis geworfen. Wir wissen immer noch nicht, ob er tatsächlich Selbstmord begangen hat, wie uns die Behörden sagten, oder ob er während seiner Inhaftierung getötet wurde." Zu dieser Zeit waren Gao Zhen 12 Jahre und Gao Qiang sechs Jahre alt.

Foto © CROW @ Gao Brother Studio Peking

Foto © CROW @ Gao Brother Studio Peking

GEDULDET

Die staatlich erwünschte traditionelle chinesische Tuschemalerei hinter sich lassend, wagte das Künstlerduo als eine der ersten den Schritt und begründete in den 70er/80er Jahren die Entwicklung der modernen und zeitgenössischen Kunst in China maßgeblich mit. Hinzu kommt, dass ihre progressiven und sehr mutigen politischen Kunstwerke im Stile der Post Pop-Art auf internationalem Qualitätsniveau liegen und ihre Bilder und Skulpturen deshalb von den namhaftesten Sammlern der Welt (Uli Sigg, Charles Saatchi, Steven Cohen etc.) gekauft und in großen Galerien und Museen, wie im MoMa (New York City), Centre Pompidou (Paris) etc. international ausgestellt werden. Außer in China, wo sie auf der ‚Schwarzen Liste' stehen seit sie sich 1989 nach dem Aufstand und Massaker am Platz des Himmlischen Friedens, damals und dann wiederholt im Jahr 2008 bei der, Demokratie und freie Wahlen in China fordernden, Initiative der ‚Charta-08' für inhaftierte Mitstreiter einsetzten. Gao Zhen, der ältere der beiden Gao-Brüder, saß auch selbst deswegen in Haft.

Die Gao Brothers hatten dann in der Folgezeit in den frühen 2000ern unter dem liberaleren Präsidenten Hu Jintao im Kunstquartier 798 in Peking die Möglichkeit, ihr Atelier einzurichten. Zwar konnten sie auch in jener Zeit nicht ausstellen, wurden aber geduldet. Ihre Stimme war zu stark und zu bekannt, als dass das Regime sie hätte ausschalten können. – Anders allerdings jetzt unter einem reaktionären und machtversessenen Herrscher, unter dem sie 2022 ihr Studio verloren und ihre Kunst in einem geheimen Lager vor der Öffentlichkeit und dem langen Arm der KPCh verborgen halten müssen.

INTERVIEW MIT GAO ZHEN

CROW: Wann hast Du begonnen Kunst zu machen und wer hat Dich dazu inspiriert?

GAO: Ich bin mit Kunst aufgewachsen und interessierte mich dafür schon recht früh. Mein älterer Bruder Gao Shen hat mich dabei sehr beeinflusst. Er konnte Instrumente spielen, singen und zeichnen.

CROW: Wie alt warst Du da?

GAO: Mein Bruder ist sechs Jahre älter als ich…, also ich war wohl so sieben oder acht Jahre alt, als ich zu zeichnen begann. Ich malte gerne, und zu dieser Zeit malte ich ab, was mein Bruder gezeichnet hatte. Er hörte aber später mit dem Malen auf. Ich hingegen verehrte die alten Meister der chinesischen Malerei; ich nahm Unterricht bei einem berühmten Maler in Jinan. Später stellte er mich einem Schüler von Qi Baishi (Anm. d. A.: ein populärer, autodidaktischer Künstler der klassischen chinesischen Tusche-Maler des 19. Jhdts.) vor, ich wurde dessen Schüler und lernte von ihm die traditionelle Malerei.

Damals lebten wir aber noch in Maos ‚Kulturrevolution'. Ich habe immer Dinge gemalt, die ‚rot und glänzend' waren (Anm. d. A.: eine Anspielung an den Kommunismus).

Damals bat mich mein Lehrer, Gemälde zu kopieren, beispielsweise die Gemälde der Song-, Yuan-, Ming- und Qing-Dynastien.

Ich habe in dieser Zeit sehr hart an mir gearbeitet und gleichzeitig war es auch die schmerzhafteste Zeit meines Lebens. Denn als ich zwölf Jahre alt war, wurde mein Vater während der Kulturrevolution verfolgt und getötet.

Dieser Vorfall hatte einen großen Einfluss auf mein Leben. Mein gesamter politischer Standpunkt und meine Sichtweise auf Gesellschaft und Politik wurde von dieser einschneidenden Erfahrung als damals Zwölfjähriger geprägt.

In dieser Zeit war das Malen für mich eine Art Trost, eine Möglichkeit, Abstand von der Realität zu halten, und eine Möglichkeit, meinen Gedanken zu entfliehen.

Ich hatte nicht die ‚Qualifikation', zum Schulunterricht zugelassen zu werden. Damals musste man für den Schulbesuch noch ‚qualifiziert' sein. Entweder musste man aus der Arbeiterklasse stammen oder vorher aufs Land zum Arbeiten gegangen sein. Man musste also Erfahrung vom Leben auf dem Land vorweisen.

Was mich betrifft, so war ich einer der wenigen, die es vermieden haben, aufs Land zu gehen.

Der Grund dafür war, dass mein älterer Bruder seit acht Jahren dort war. Da wir beide zu den ‚Kindern von Konterrevolutionären' zählten, hatten wir keine Möglichkeit wieder in die Städte zurückzukehren, wenn man einmal aufs Land gegangen war. Auch hatte man keinerlei Entscheidungsfreiheit, weil der Vater ein ‚Klassenfeind' war. Es war also unmöglich, dort eine Karriere zu machen. Man war immer nur der einfache Arbeiter.

Als nach acht langen Jahren mein Bruder nur mit Hilfe einer gefälschten Krankenakte zurückkam, riet er mir, dass ich ein besseres Leben haben würde, wenn ich in einer Fabrik Schichtarbeit leisten und nicht aufs Land gehen würde. Menschen wie wir könnten von dort unter normalen Umständen nicht wieder zurückkommen. Deshalb habe ich das gemacht, was man ‚harte Arbeit' nennt und das ist praktisch das, was Wanderarbeiter jetzt tun. Aber es war damals sogar ein noch schwereres Wanderarbeiterleben als heute. Am Bau arbeiten, Pritschenwagen ziehen, Transporte mit Dreirädern … Ich habe alle möglichen Dinge getan.

Wir waren sechs Brüder und drei davon brachen die Schule ab. Auch mein jüngerer Bruder brach die Schule ein Jahr vor mir ab. Er war fünfzehn und ich stieg aus, als ich sechzehn war. Auch mein älterer Bruder brach die Schule ab. Durch die Politik der Schulpartei konnten wir kein Stipendium erhalten. Wir waren eben die Leute, die offiziell geächtet und diskriminiert wurden. Also habe ich abgebrochen, um als Arbeiter Geld zu verdienen. Zu dieser Zeit war es sehr schwer, eine Arbeit zu finden und ich musste einen anderen Namen annehmen. Als ich einen alten Bekannten aus meiner Vergangenheit traf, nannte er mich immer noch ‚Xiao Liu'. Ich habe dann unter diesem Decknamen gearbeitet.

Ich arbeitete dann also mehr oder weniger illegal beim Straßenbau und reparierte Elektromotoren. Nebenbei habe ich aber immer weiter zeichnen gelernt. Das war eine sehr schöne Zeit und einer der besten Jobs, den ich je hatte.

Später arbeitete ich mit einigen alten Leuten im Straßenbauamt. Hier gab es eine ältere Frau, die einen Lehrer an der ‚Schule für Kunst und Handwerk' kannte, der zufällig der Sohn eines Vizegouverneurs der Provinz Shandong war.

Eines Tages fragte sie mich: „Du bist so gut im Malen, warum gehst Du nicht an die Akademie?" Ich antwortete: „Ich habe keine Qualifikation am Test teilzunehmen!"

So kam es, dass ein Angestellter des zuständigen Straßenbaubüros Mitleid mit mir hatte und mir ein falsches Zeugnis ausstellte, das besagte, ich hätte offiziell einen Job. Tatsächlich war es natürlich keine offizielle Arbeit, aber mir wurde das Zertifikat ausgestellt.

Nach dem Aufnahmetest wurde ich allerdings abgelehnt. Der genaue Grund dafür wurde mir nicht gesagt. Vielleicht, weil zwei Lehrer der Schule um den Platz konkurrierten und ihrerseits Bekannte dort unterbringen wollten. Dann aber nannte ich den Namen des Lehrers, den ich gerade erwähnt habe, Herrn Gao, und das hat dann funktioniert. Ich bin also endlich, wenn auch mehr als zwei Monate später als andere und mit Glück und Beziehungen, an eine Universität gekommen. Ein Lehrer riet mir: „Erzähle niemandem, dass Du keinen Job hast. Sage immer ‚Ja, ich arbeite', auch wenn es gelogen ist, aber so ist es für alle das einfachste." Ich machte dann ein dreijähriges Studium an der Shandong ‚Schule für Kunst und Handwerk' und lernte chinesische Malerei. Im Alter von 22 Jahren begann ich dann als Kunstlehrer zu arbeiten.

Meine Liebe zur Kunst hat auch etwas mit meiner Mutter zu tun. Obwohl sie keine Malerin war, hat sie in ihrer Freizeit Scherenschnitte angefertigt. Sie war sehr gut in der Papierschneidekunst. Daher denke ich, dass ich meine künstlerische Inspiration sehr wahrscheinlich von meiner Mutter geerbt habe. Bevor meine Mutter starb, machten wir zusammen eine Ausstellung. Eine Galerie hatte uns damals dazu eingeladen.

CROW: Wann war diese Ausstellung?

GAO: 1998 oder 1999. Es gab da einen Fotojournalisten, der uns filmte und über uns berichtete. Die Ausstellung erregte damals großes Medienecho, darunter auch ‚Beijing Youth Daily' und einige Medien aus Shandong. Diese Ausstellung war ein sehr guter mentaler Trost für meine Mutter, bevor sie starb.

CROW: Kann man die Ausstellung noch in deinen WeChat Veröffentlichungen finden?

GAO: Es war lange sichtbar. Aber jetzt habe ich meine ‚posts'* auf ‚nur für drei Tage sichtbar' eingestellt, vielleicht weil ich nicht mutig genug bin und Angst habe, dass jemand meinen alten Inhalt lesen könnte und ich damit leicht zu melden wäre. Aber wenn Du es mal sehen willst, öffne ich es wieder.
(*mit ‚posts' sind hier die Veröffentlichungen im WeChat, einer Chat-Plattform für Smartphones, gemeint. In China ist diese App sehr weit verbreitet.)

CROW: Wie würdest Du Dich selbst als Künstler oder Dein Werk beschreiben, und was ist Deiner Meinung nach Deine Aufgabe als Künstler?

GAO: Ich glaube tatsächlich, dass ich, auch in der Zusammenarbeit mit meinem Bruder, mich selbst nie als einen ganz besonderen Künstler betrachtet habe, der sich von allen anderen unterscheidet. Ich bin der Meinung, dass man zuerst ein Mensch sein muss, bevor man ein Künstler sein kann. Das war auch eine meiner Prämissen von Anfang an, als ich von der traditionellen Kunst zur modernen Kunst wechselte. Und das habe ich bis jetzt beibehalten.

In den 80er Jahren bildeten Künstler aus ganz China Künstlergruppen, um ihre künstlerischen Ideen zum Ausdruck zu bringen. Zu der Zeit war ich in der Provinz Shandong und organisierte die ′Kunstausstellung zur Jahrhundertwende′. Das Ende des Jahrhunderts – aber in den achtziger Jahren. Ich schrieb auch das Vorwort für den Katalog: „Unsere Kunst ist nicht ästhetisch, nicht schön, und sie ist auch nicht nur Unterhaltungskunst, sondern eine Kunst des Überlebens." Dieser Ansatz ist für uns bis heute relevant.

CROW: Wie ist das zu verstehen?

GAO: Ich habe immer versucht, die Beziehung zwischen Kunst und Leben zu betonen. Also nicht nur das bloße Leben, sondern auch um Dich als Person in einem politischen Umfeld, dem man sich stellt und um all diese Dinge. Deshalb hat es bei mir immer eine Art kritische Haltung gegenüber der Gesellschaft und dem System gegeben. Denn das frühe Erlebnis, als ich meinen Vater im Alter von zehn Jahren verlor, bestimmte ja meine Wertvorstellung. Und in den Folgejahren verbrachte ich – wie gesagt – viel Zeit damit, nachzudenken und herauszufinden, warum und wie mein Vater damals starb. Sein Tod oder seine Ermordung war ja Teil jener politischen Tragödie in der damaligen chinesischen Kulturrevolution und der Gesellschaft jener Zeit. Letztendlich war und bleibt es ein Problem des Systems. Und das gehört grundsätzlich zu meinem künstlerischen Konzept.

CROW: Darauf basiert ja Dein künstlerischer Stil.

GAO: Richtig, richtig. Obwohl ich glaube, dass Kunst zwar vielfältig, unterhaltsam und ästhetisch sein kann. Es ist aber das Wichtigste für mich, dass die Kunst von einem normalen, gesunden und vollständigen ‚menschlichen Wesen' stammt, das humanitär denkt.

CROW: In Deiner Jugend hattest Du mit traditioneller Kunst zu tun und hast dann den Sprung in die ‚Kunst der Moderne' gemacht. Wie hast Du damals den Durchbruch geschafft, heraus aus der Tradition?

GAO: Das war ein sehr langer Prozess. (Er zeigt mir ein Foto von einem seiner Bilder aus dieser Zeit.) Du hast ja neulich gesehen, dass ich die Kopie eines traditionellen Gemäldes gepostet habe, das ich reproduziert/kopiert hatte, als ich jünger war, erinnerst Du Dich?

CROW: Ja, das habe ich gesehen. Eine fantastische Zeichnung!

GAO: Als ich vor ein paar Tagen aus den USA über Guangzhou* nach Shandong zurückgekehrte (Anm. d. A.: Gao Zhen war *dort während der Covid-Pandemie 14 Tage lang in Quarantäne) – ich war in New York zur Beerdigung meiner Ex-Frau, die an Krebs starb und wollte sie begleiten – da habe ich zu Hause in Shandong dieses Bild gefunden, das ich in jungen Jahren gezeichnet hatte.

Foto © Gao Zhen

Es ist in der Tat gut gezeichnet. Ich hatte zu der Zeit sehr hart an mir gearbeitet. Aber damals, so jung, war Malerei für mich nur eine geistige Nahrung und ich hoffte, beeinflusst von der traditionellen Kunst, ein Maler wie Fan Kuan aus der Song-Dynastie, Shi Tao und Bada Shanren aus der Ming- und Qing-Dynastie werden zu können. In den 1980er Jahren wurden jedoch die Türen des Landes geöffnet, und einige westliche Philosophiebücher und solche über Psychologie und Kunstmoderne kamen ins Land. Das hat nicht nur mich, sondern unsere ganze Generation beeinflusst. Damals hatte ich das Gefühl, dass es viele Dinge im Leben gab, die man nicht durch traditionelle Kunst ausdrücken konnte. Diese Kunstform bietet einem nur eine Flucht und eine Möglichkeit, der Realität zu entgehen; man kommt damit durch, aber es ist schwierig, seine komplexen Emotionen und Gedanken auszudrücken. Zu dieser Zeit hatte sich also mein Denken stark verändert: Ich war zwar hauptberuflich ‚chinesischer Maler' an der renommierten Jinan-Akademie geworden, doch damals waren meine Gedanken im Grunde schon genau dieselben wie heute.

Aber nicht nur, dass ich sie nicht ausdrücken konnte, auch der Beruf, den ich ausübte, half mir nicht, meine Erfahrungen und Gefühle künstlerisch darzustellen.

Mir wurde klar – über das eigene künstlerische Empfinden hinaus –, dass diese sogenannte traditionelle Malerei in China nur scheinbar einen politischen Faktor besaß. In Wahrheit diente sie bloß dazu, mittels des ‚Schönen in der Kunst' von der Realpolitik und ihrer komplexen Bürokratie abzulenken. Die Kunst wurde als Propaganda-Medium der Politik vereinnahmt.

Als ich an der Akademie war, bestand unsere Aufgabe darin, für die Kommunistische Partei zu malen und Ausstellungen über und für den Staat zu machen. Die Gouverneure und Vizegouverneure, all diese Bürokraten, führten diese Bilder mit sich herum, um sie bei ihren Besuchen zu verschenken. Alle staatlichen Malakademien funktionieren so. Und all diese Maler dort sind stolz darauf, für ‚Zhongnanhai' gemalt zu haben, stolz darauf, dass Ihre Bilder in den Häusern der Beamten hängen. Aber mein Denken ist genau entgegengesetzt.

CROW: Gibt es diese akademische Kunsttradition bis heute?

GAO: Seit der Antike gibt es diese Tradition, aber im alten China gab es auch die ‚literarische Malerei', das ist das Gegenteil von staatlich sanktionierter Traditionsmalerei. Künstler wie Shi Tao und die Gruppe ‚Bada Shanren', die ich eben erwähnt habe, waren mit dem kaiserlichen Hof nicht vereinbar. Diese Linie war nach 1949 jedoch vollständig abgebrochen. Im Grunde dienten nun alle den Bürokraten. Niemand konnte entkommen. Meine Werte und die Arbeit, die ich geleistet hatte, waren also entgegengesetzt meiner Grundvorstellungen. Ich wandte mich damit an viele meiner Lehrer, die aber nur sehr enttäuscht von mir waren. Zuvor war ich ihr vielversprechendster junger Maler in Shandong gewesen.

Wie schon zuvor in meinen Zwanzigern trat ich 1984 als Nachhilfelehrer dem Kunstmuseum bei. Davor, 1981, war ich an die Jinan Painting Academy versetzt worden. Ich war gerade 27 Jahre alt, und das Kulturbüro der Akademie stellte dem Direktor und Vizedirektor der Akademie einen Assistenten zur Verfügung. Der Vizedirektor war der Schüler von Qi Baishi, bei dem ich Malerei studiert hatte.

Es gibt aus der Zeit Dokumente mit ‚rotem Briefkopf' (Anm.: staatliche Verlautbarungen), in die ich nach ihrem Verständnis gut hineinpasste. Es war eine Ehre, wenn man in einem so professionellen und kreativen Umfeld wie der Akademie von Jinan war. Vor allem für junge Leute. Viele waren sehr neidisch darauf. Aber die Führung und die Lehrer sahen mich auch deshalb wohlwollend an, weil ich mehr Arbeit geleistet hatte als andere. Ich war in ihren Augen fleißiger und engagierter. Folglich dachten sie, ich hätte nun den Verstand verloren.

Damals kam ein alter Herr, ein Professor nach Peking. Er übernachtete im Peking-Hotel, das damals sehr prachtvoll war. Wir wurden oft von ihm eingeladen, um in einem kleinen Restaurant in der Innenstadt zu speisen. Es war die Art von Restaurant, in dem man sonst nur Minister bewirtete. Anfangs ging ich noch mit, aber dann habe ich sie gemieden und ihnen gesagt, ich könne nicht kommen. Alle fragten sich: Warum kommt er nicht? Sie verstanden und verstehen mein Denken eben überhaupt nicht. Sie haben auch nicht meinen Erfahrungshintergrund dafür. Also konnte ich auch nicht mit ihnen über meine Beweggründe sprechen.

Ich erinnere mich auch an ein Mal, als der Direktor der Akademie lauthals kritisierte: „Schaut euch die Malerei von Fu Baoshi im Vergleich zu diesem Van Gogh an. Van Gogh malt wie der unqualifizierte Enkel von Fu Baoshi!"

Das war explizit an mich gerichtet. Ich habe einfach darüber gelacht, weil es keinen Sinn machte, mit ihm zu streiten.

Ich ging meinen Weg unbeirrt weiter, aber meine Denkweise wurde für das System langsam völlig inakzeptabel und zum Problem.

Wir hatten damals immer mittwochvormittags eine halbtägige reguläre Versammlung. Der Parteisekretär dieser Staatlichen Kunstakademie begann aus der Zeitung ein, wie es der Volksmund nannte, ‚rotköpfiges Dokument' vorzulesen. Als er fertig war, wurde ich zu Wort gebeten. Ich fragte: „Sekretär Li, glauben Sie an das, was Sie da lesen?" Li sagte: „Warum fragst Du das, Gao?!" Alle anderen hielten sich den Mund zu und lachten. Ich sagte: „Niemand wird dieses Zeug glauben, warum verschwenden wir all diese Zeit?" Ich sagte: „Sagen Sie doch einfach allen, sie sollen die Zeitung zu Hause lesen." Der Sekretär war daraufhin sehr beschämt.

Später auf der nächsten Sitzung hieß es dann, der Parteizweig solle nur noch studieren und forschen.

Es war damals schon nach der 89er-Bewegung, ich wurde zensiert und man wusste, dass ich kurz vor dem Ausschluss stand. Die Akademie verfasste einen Brief an mich, in dem es hieß: Xiao Gao, Du kannst in Zukunft nicht mehr zu unseren regelmäßigen Treffen kommen. Du musst aber dieses Dokument hier unterzeichnen, damit wir keine Probleme bekommen. Ursprünglich dachten sie, dass ich das vielleicht nicht tun würde, aber ich habe es sofort eifrig unterschrieben. Danach war es im Grunde so, als hätte man MICH aus diesem System ausgeschlossen. (Anm. d. A.: Das war Gao natürlich sehr recht.) Ich verlies die Akademie und konnte mich endlich der modernen Kunst zuwenden.

CROW: Wie ist das gelaufen?

GAO: Es ist nicht gut gelaufen. Meiner Familie war es ja auch unverständlich. Meine damalige Frau konnte meine Loslösung auch nicht verstehen. Sie wollte einfach nur gut leben. Jahre später dachte ich: Ja, nicht nur sie, sondern auch alle die, die mir folgten, haben doch so viel gegeben. Wäre ich ein friedlicher Mensch gewesen, wären sie vielleicht glücklicher gewesen.

Als ich dieses Jahr (Anm. d. A.: 2019) nach Amerika flog, wollte ich auch etwas wiedergutmachen und mich diesmal wirklich um meine Ex-Frau kümmern. Und, das habe ich …

Es ist etwas so völlig anderes, jemanden anzusehen, wenn er in den Tod geht, wenn er in deinen Armen stirbt – als nur die Worte zu hören oder sich an diese zu erinnern, die ein Mensch einmal gesagt hat. Als ich danach nach China zurückkam, sagte ich zu meiner jetzigen Frau FeiFei: „Wenn ich damals gewusst hätte, dass diese Krankheit in ihr war, hätte ich nicht den Schritt aus dieser Ehe gemacht."

Man kann nichts wiedergutmachen. Der Mensch hat kein sich wiederholendes Leben. Man handelt, weil man nicht anders kann. Man begreift es nicht, bis man es durchlebt hat. Denn, in der Rückschau gab es kein Problem mit der Beziehung, sondern einfach nur, dass sie meine Entscheidung nie verstanden hatte. Während dieser anderthalb Monate in New York, schlief ich ein bis zwei Stunden am Tag. Ich hielt sie … sie konnte weder essen noch trinken, ich musste ihr immer wieder Eiswürfel in den Mund stecken, sonst konnte sie nicht schlucken … und, ja … ich musste zusehen, wie ihr Leben endete. Da zu sein, war das Einzige, was ich ihr noch geben konnte.

Aber zurück zu damals: Als Folge meines Austretens aus einer sicheren Position kam nicht nur der soziale und familiäre Druck, z.B. auch für meine Brüder, sie fühlten sich ja sehr geehrt, dass ihr Bruder an der Staatlichen Akademie war, und dann stellte sich heraus, dass dieser Bruder anscheinend etwas ‚verrückt' geworden war. Denn es war uns ja völlig unklar, ob wir von diesem neuen Weg der nicht-traditionellen modernen Kunst würden leben können. Dieser Weg hatte überhaupt nichts mit Geld und Kommerz zu tun. Es war ein rein spiritueller. Dann aber fand ich ein Atelier in 798 (Anm.: ‚798' ist seit 2004/5 ein Kunstviertel mit Ateliers und Galerien, die auf einer ehemaligen Industriebrache (ehem. DDR-Heizwerk) in Peking angesiedelt wurde). Und dann gab es ganz plötzlich einen modernen Kunstmarkt, und einige Malerfreunde aus Shandong kamen und sagten: „Hey, Du hast wirklich Weitsicht. Du weißt, dass sich dieses Zeug sehr gut verkaufen lässt!" Naja, was soll ich sagen, Man kann es ihnen nicht erklären, weil sie überhaupt nicht verstehen, dass man nicht so denkt. Der Prozess ist also …

CROW: … absurd.

GAO: Ja, und es dauert sehr lange …

CROW: Vom Nicht-Verstehen zum ‚Dich zu verstehen'?

GAO: Ich verstehe es ja auch nicht so richtig! (*lacht*). Denn man kann ja sehen, dass ich gut hätte leben können, wenn ich mich einfach in einen modernen Künstler verwandelt hätte. Doch auch da bin ich eigentlich ein „Extrem" im zeitgenössischen Kunstsystem. Ich war ein Extrem in der traditionellen Kunst, aber ich bin auch ein Extrem in der zeitgenössischen Kunst. Weil andere Menschen politischen Fragen nicht viel Aufmerksamkeit schenken, ich aber sehr besorgt bin über diese Themen. Deshalb werde ich heute gemieden.

Gerade gestern noch, als ich die ‚Ausstellung über die Geschichte von 798 besuchte, war mein Studioname nicht dabei. Und lange Zeit war mein Atelierraum noch nicht einmal auf ihrer Karte verzeichnet. Es ist so, dass sie nach all den Schikanen trotzdem weiterhin Angst haben. Es ist also immer noch ein komplizierter Prozess.

CROW: Was war das erste zeitgenössische Werk, für das Du ausgezeichnet wurdest?

GAO: Das war bei der Ausstellung für moderne Kunst '89. 1989 war ein wichtiger Wendepunkt in der chinesischen Gesellschaft, auch in der Kunst. Wie wir alle wissen, ereignete sich in dieser Zeit der 4. Juni, der die Welt schockierte (Anm.: Die militärische Niederschlagung der Proteste auf dem Platz des Himmlischen Friedens). Unsere Ausstellung war ein paar Monate vorher, im Februar. Während des Frühlingsfests fand die erste Ausstellung moderner chinesischer Kunst im Nationalen Kunstmuseum von China statt. Damals versammelte diese Ausstellung landesweit Künstler aus den 1980er Jahren die offiziell die liberalste Gruppe waren. Und sie kamen, um dort die Ausstellung zu veranstalten. Das war ein Meilenstein in der Entwicklung der modernen Kunst in China. – Heute wäre eine solche Ausstellung bzw. ein solcher Befreiungsschlag der Kunst völlig unmöglich.

Als wir damals diese Ausstellung vorbereiteten, waren mein jüngerer Bruder, ich und alle diejenigen, die damals dabei waren, die Leute, von denen man dachte, dass sie am fähigsten wären, das Ruder herumzuwerfen und etwas Neues zu schaffen. Zu dieser Zeit wurden unsere Arbeiten sehr gut angenommen. Bei uns, den Gao Brothers, war das moderne Installationskunst. Zu dieser Zeit wurden Installationen und Performance-Kunst von der Gesellschaft noch nicht anerkannt, und nicht viele Künstler taten es.

Wir schufen eine Installation. Und die Materialien, die wir verwendeten, hatten nichts mit traditioneller Kunst zu tun. Heute ist es ein Klassiker der zeitgenössischen Kunstgeschichte, aber damals galt es als ‚Unsinn'. Es handelte sich um einen Weltraumballon, der wie ‚Geschlechtsorgane' gebunden war, als Symbol für einen Mann und eine Frau zusammen. Die Veranstalter dachten, es sei ein Symbol der sexuellen Befreiung, während wir in Wirklichkeit nur ein Sexsymbol benutzten, um auf die Obszönität der Probleme in der Gesellschaft hinzuweisen. Aber viele Leute haben das nicht so verstanden. Damals war geplant, dass wir den Schwerpunkt der Ausstellung auf diese eine erste Arbeit setzten. Und in der Tat, die Installation hatte eine große visuelle Wirkung auf die Menschen.

Wäre ich ein friedlicherer Mensch gewesen, wären sie vielleicht glücklicher gewesen.
– Gao Zhen

Im Januar 2022 – wurden die Jesus Statue vor dem Studio der Gao Brothers im 798 Peking erst beschmiert und dann zerstört. Angeblich von Touristen. Foto © CROW (oben)

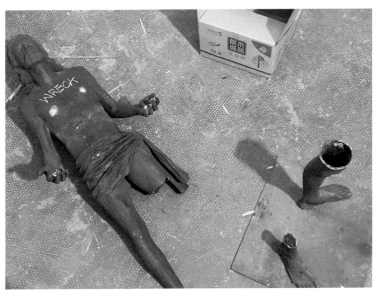

Foto © Gao

Ich erinnere mich, dass ich ein Gästebuch neben dieses Werk gelegt habe, und die Anzahl der hinterlassenen Kommentare und Mitteilungen darin waren mehr als für die gesamte Ausstellung. Es gab sowohl Befürworter als auch Kritiker. Aber dieses Notizbuch war ein Dokument des öffentlichen Feedbacks zur damaligen Arbeit und des damals in China allgemein noch ungenauen Verständnisses von moderner Kunst – und wurde Teil dieser Arbeit. Später, als Wang Meng Minister war, konfiszierte er die Installation, nachdem die Ausstellung zuvor zweimal geschlossen worden war. Er nahm sie einfach mit. Ich habe ihn sogar um etwas Schriftliches dazu gebeten, aber er hat mich ignoriert. (*lacht*)

Diese Arbeit in ihrer provokanten Note war eines der ersten großen Projekte, die wir als ‚Gao Brothers' zusammen produziert haben. Obwohl wir vorher schon einen gewissen Einfluss auf die chinesische Kunst hatten, war der weitere Einfluss anders. Chinesische Kunst dieser Zeit wurde damals einfach als moderne Kunst bezeichnet. Und die zeitgenössische Kunst wurde erst in den 90er Jahren so genannt. Bis heute ist diese Ausstellung immer noch ikonografisch und prägend. Tatsächlich war dies das erste Mal, dass ich von ausländischen Medien interviewt wurde. Damals gab es noch wenige ausländische Journalisten in der Kunstszene Chinas. Es war auch das erste Mal, dass ich im Rampenlicht stand. In der Vergangenheit hatte ich ja keinen Kontakt zu ausländischen Medien. Als diese ausländischen Medien Kameras im Nationalen Kunstmuseum von China aufbauten, fühlte ich mich schon sehr ‚berühmt'. (*lacht*)

Die wichtigste Erfahrung für mich war jedoch nicht der Erfolg, der Ruhm oder die Kontroverse um die Werke der Ausstellung oder die Tatsache, dass ich endlich an einer Ausstellung teilgenommen hatte. Vielmehr war es der offene Brief, den ich am Ende der Ausstellung unterzeichnete. Dieser Brief mit all seinen Unterschriften gilt tatsächlich offiziell als Auslöser für die Geschehnisse vom 4. Juni 1989. Es sind die Unterschriften auf Fang Lizhi's Petition an Deng Xiaoping. Es ist nur ein kleines Stück Papier. Die Kernaussage lautete: ‚Vor dem Hintergrund der tendenziell gemäßigten und demokratischen Weltlage hoffe ich, dass Herr Deng Xiaoping eine Amnestie für die Freilassung von Wei Jingsheng und anderen politischen Gefangenen gewähren wird'. Wir hatten bereits Dutzende von Unterschriften wie die von Kitajima und Fei Xiaotong. Am Ende der Ausstellung gab es einen pro-demokratischen Aktivisten namens Chen Juqian, der sich jetzt in New York aufhält, und er lud alle zu einem Treffen in seine Bar ein. Damals wussten wir noch nicht, dass es eine Art politischen Plan gab.

Damals, nachdem er mehr als hundert Künstler zur Ausstellung eingeladen hatte, sagte Wei Jingchuan, sein ehemaliger Zellengenosse, dass Fang Lizhi sich mit allen treffen wolle, um über die Geschehnisse zu sprechen. Aber Fang hatte zu diesem Zeitpunkt einen wichtigen Termin und konnte nicht kommen. Also bat er Wei, zu kommen, um mittzuteilen, dass er hoffe, dass alle die Petition unterstützen würden. Aber die meisten Künstler zogen sich zurück. Die Kuratoren teilten sich in zwei Lager auf, und die meisten von ihnen zogen sich auch zurück. Das verbleibende Dutzend unterschrieb.

Mein Bruder und ich waren die ersten, die die Petition unterschrieben. Ich erinnere mich, es war in dieser Bar, es gab damals nur sehr wenige Bars, sie hieß ‚Jie Jie Bar' im Botschaftsviertel, und ich war dort, um ein paar ausländische Journalisten zu treffen, und diese fragten dann: „Warum nehmen Sie an dieser Unterzeichnung teil?" Ich sagte (und das ist die gleiche Aussage, die ich hier in unserem Gespräch schon gemacht habe): „Ich bin ein Künstler, aber in erster Linie bin ich ein sozialer Mensch." Damals war ich vielleicht etwas selbstgefällig, weil ich ein wenig Anerkennung für meine Kunst bekommen hatte.
Aber heute habe ich erkannt, dass es Menschen gibt, die sich um Themen kümmern, die größer sind als wir. Deshalb hatte ich das Bedürfnis, diese Haltung zum Ausdruck zu bringen. Ich hatte damals ja auch tatsächlich ein bisschen politische Erfahrung, weil ich meinen Vater posthum zehn Jahre lang mit Klagen zu seiner Rehabilitation verteidigt hatte.

Also, wusste ich, dass die Möglichkeit bestand, dass direkt vor der Tür der Bar etwas passieren könnte. Ich erinnere mich noch daran, dass ich dachte, als ich diese Bar verließ, ich hätte es mir niemals verziehen, wenn ich die Petition nicht unterschrieben hätte. Nenne es Tapferkeit, aber ich denke auch, dass ich letztlich auch manchmal gegen mich selbst bin.

Tatsächlich wurden damals die Behörden auf einen Teil der Personen, die diese Petition unterschrieben hatten, aufmerksam. Nachdem mein jüngerer

Bruder und ich in die Provinz Shandong zurückgekehrt waren, erzählte ein Klassenkamerad meinem Bruder: „Die Propaganda-Abteilung des Provinzparteikomitees hat sich getroffen, um Dich zu untersuchen. Du musst vorsichtig sein." Damals kamen wir auf die schwarze Liste. Du siehst also, dass meine Situation an der Staatlichen Kunstakademie schon damals sehr schwierig war.

Deshalb haben sie mich später gebeten zu schreiben, dass ich, wie gesagt, nicht mehr an der Sitzung teilnehmen würde usw.

Man kann also jene Installation als die Arbeit betrachten, mit der wir damals den größten Einfluss hatten. Einige Leute sagen heute, dass wir uns damals damit einen Namen gemacht haben.

CROW: Den Namen GAO BROTHERS?

GAO: Ja. Allerdings war damals bei den GAO BROTHERS noch ein weiterer Künstler dabei, von dem wir uns aber später trennten. (Anm. d. A.: Die GAO BROTHERS sind seitdem die beiden Brüder Gao Zhen und Gao Qiang, der jüngere Bruder von Gao Zhen.)

CROW: Wie seid Ihr auf die internationale Ebene der modernen Kunst gekommen?

GAO: Das war purer Zufall. Denn wie ich schon sagte, wir hatten keine Ahnung, wodurch oder ab wann unsere moderne Kunst als ‚zeitgenössische Kunst' (Pop-Art seit den 60ern) anerkannt wurde. Zu jener Zeit gab es eine starke Suche in unseren Herzen. Und damals gab es nur sehr wenige Informationen, im Gegensatz zu heute, wohin man ins Ausland fahren kann, um jedes Museum zu besichtigen oder wo man über das Internet jedes Werk von jedem finden und sehen kann. Bei uns war es die begrenzte Lektüre solcher übersetzten Werke der westlichen Kunst, die herüberkamen, die uns beeinflusste – so passierte das eher zufällig.

CROW: … also ungeplant?

GAO: Richtig. Meine ersten Einzelausstellung in China ab dem Jahr 2000 war in der East Gallery in Shanghai, mit einem aus Australien zurückgekehrten Kurator. Wir arbeiteten zwei Jahre lang zusammen und hatten dann auch die erste Ausstellung 2002 in Peking, in einer Galerie, die von Amerikanern betrieben wurde, wo das öffentliche Interesse viel besser war. Das erste Mal, dass man sich mit unserer zeitgenössischen Kunst beschäftigte, war 1989. Aber zu der Zeit wurde sie zunächst einfach nur als gesellschaftlicher Trend beobachtet. Das änderte sich später, als diese zeitgenössische Kunst auch bei uns in China zu einer neuen Kraft wurde. Ende der 90er Jahre begann der Westen allmählich, der chinesischen Kunst mehr Aufmerksamkeit zu schenken, sodass ich zu der Zeit schon recht früh mit Galerien zusammenarbeitete, in die auch einige Westler kamen, die die chinesische Malerei kannten und unsere Werke kauften.

CROW: Habt ihr damals auch hauptsächlich mit Skulpturen gearbeitet?

GAO: Eher mit Fotografie, zu jener Zeit gab es wenig Skulpturen. Damals, im Jahr 2000, initiierten wir ein Projekt namens ‚The Hug' (Die Umarmung); das kennst Du ja.

Warum ich das hier erwähne: Damals konnten wir das Land nicht verlassen, weil wir wegen 1989 auf der schwarzen Liste standen. Als wir mit der Galerie arbeiteten, wurden wir 2001 zur Biennale in Venedig eingeladen, um diese ‚Hug'-Performance zu machen. Am Ende konnten wir unsere Pässe bzw. Visen nicht bekommen und der Direktor der Galerie war sehr wütend. Er dachte: „Warum setzen Sie sich nicht mit der Regierung in Verbindung? Andere Künstler können doch auch kommen, warum nicht Sie?" Ich fühlte da schon, dass wir mit diesem Galeristen nicht zurechtkommen werden, weil er sich den Künstlern gegenüber wie ein Bürokrat verhielt. Seine Strategie war eine rein kommerzielle, dass sich z.B. Gemälde besser verkauften, wenn Sie an der Biennale in Venedig teilgenommen hatten. Jedenfalls, wir konnten nicht hinfahren, was auch eine schwierige Situation für die Galerie und uns war, denn er wollte Kontrolle über seine Künstler haben.

Mein Bruder und ich verfassten damals auch noch ein Buch mit dem Titel ‚Chinesische Kunstgeschichte – ein Bericht über die Kunst der Avant-Garde', für das wir einige Kritiker, Kuratoren und Künstler interviewt hatten und eigentlich untersuchen wollten, wie sich die Situation in China zu jener Zeit darstellte. Die Galerie hielt es für überflüssig, warum sollte sich ein Künstler für diese Dinge interessieren? Es war dann recht schnell vorbei mit der Zusammenarbeit mit diesem Galeristen.

CROW: Danach habt ihr das Kunstviertel 798 in Peking gewählt?

GAO: In der Tat, 798, wegen der Anziehungskraft dieses Ortes, wohin mehr und mehr Leute kamen, um Kunst zu sehen – Aber wir sind nicht so gut in Sachen Öffentlichkeitsarbeit; im Grunde sind wir eher passiv. Dieser Ort war aber für die Leute leicht zu finden und der sogenannte internationale Einfluss und dadurch die Aufmerksamkeit wurde immer größer. Der Westen schenkte 798 immer mehr Aufmerksamkeit, beteiligte sich an immer mehr Ausstellungen, mehr internationale Sammler kamen und 798 wurde langsam immer bekannter. Ich erinnere mich sogar an einen Kritiker, der uns so beschrieb: „Die Gao Brothers sind zu Stars geworden, genau wie die wirtschaftliche Entwicklung Chinas.", was eigentlich eine ziemliche Übertreibung war. Aber zu dieser Zeit gab es wirklich einen starken Aufschwung. So hatte diese Entwicklung zur Folge, dass wir auch international immer bekannter wurden.

CROW: Wann hattest Du das letzte Mal eine öffentliche Ausstellung in deinem Heimatland China?

GAO: Das war in einem Atelier von Ai Weiwei. Das war der letzte Akt. Es war eine Einzelausstellung, die Letzte… welches Jahr war es…ah, 2009.

*Ai Weiwei gab mir die Hand und sagte:
„Wir sind ganz allein".*

Eigentlich waren wir immer ziemlich passiv, wenn es um Ausstellungen ging, im Grunde haben wir selbst nie jemanden kontaktiert, um zu fragen, ob wir eine Ausstellung machen können. Es ergab sich, indem wir von Leuten eingeladen wurden. Und wenn wir der Meinung waren, dass die Bedingungen auf beiden Seiten gut waren, haben wir es gemacht.

Die Ausstellung in Ai Weiweis Raum war von uns nicht geplant. Es war eine internationale Kuratorin namens Olivia, die als Erste chinesische zeitgenössische Werke auf die Biennale in Venedig gebracht hatte und die uns in Peking besuchte. Sie fragte uns, welche Ausstellungen wir in letzter Zeit hatten, und sagte, sie wolle uns wirklich helfen, eine Ausstellung in China zu organisieren. Tatsächlich hatten wir das Gefühl, dass es in China keinen Ort gab, der bereit war, unsere Arbeit auszustellen. Da Ai Weiwei bereits international berühmt war, wollte sie auch Ai Weiwei treffen. Sie sagte, sie habe gehört, dass Ai Weiwei einen Raum habe und wenn er einverstanden sei, wolle sie mit ihm dort arbeiten. Dann machten wir die beiden miteinander bekannt. Eigentlich hatte ich zu dieser Zeit nicht viel Kontakt mit Ai Weiwei, außer dass ich ihn einmal traf, als er gerade aus New York zurückkam.

Ich weiß noch, als wir uns zum allerersten Mal trafen. Er fühlte sich sehr … wie soll ich sagen, in Bezug auf meine politischen Ansichten …, also er dachte, dass meine Ansichten etwas rückwärtsgewandt seien.

Meine Meinung war und ist nämlich, dass die heutige kommunistische Partei noch genauso denkt und agiert, wie unter der früheren Herrschaft Maos; dass wir uns also immer noch in der Kulturrevolution befinden. Er selbst dachte ja nicht so. Seiner Meinung nach wäre jenes China längst weg und das Kommunistische nicht mehr in den Köpfen. Jedenfalls mein politisches Bewusstsein konnte er damals noch nicht nachvollziehen. So hatten wir also nichts gemeinsam.

Im Gegensatz zu anderen Künstlern folgte ich ihm und seinen Ideen nicht und wir hatten nicht oft Kontakt.

Bis auf jenes Mal als Olivia kam und wir sie einander vorstellten. Ich erinnere mich, dass es ein bisschen dramatisch war. Ai Weiwei wusste natürlich, dass mein Bruder und ich die wohl kompromisslosesten politischen Ansichten in der Kunstwelt hatten. Und als er mir die Hand schüttelte sagte er zu mir: „Wir sind ganz allein".

Ich sagte, dass ich mich im Moment nicht allein fühle, und dass er es schwerer habe als ich. Nach diesem Treffen machten wir die Einzelausstellung mit Gemälden von mir in seinen Räumen.

Später nahm ich dann im 798 an einer Gruppenausstellung teil. In den folgenden Jahren lud man mich gelegentlich zu einigen Ausstellungen in China ein, aber das war nur ein enger Kreis von Leuten, die keine ‚Gao-Phobie' hatten. Allgemein gibt es in China wirklich eine ‚Gao-Phobie'. Das war deutlich zu spüren. In unserem Studio im 798 besuchte uns einmal eine junge Amerikanerin, die als Assistentin in der Pace Gallery arbeitete und sie erzählte uns, dass der Galerist zu ihr sagte: „Sie kennen die Gao-Brüder? Gut. Aber wenn Sie für mich arbeiten, haben Sie bitte keinen Kontakt zu denen."

CROW: Die letzte größere Ausstellung fand also bei Ai Weiwei statt?

GAO: Ja. Seitdem hat es nur einige kleine Ausstellungen gegeben. Wir werden zwar immer noch zu Ausstellungen eingeladen, aber es wird jetzt aktuell von offizieller Seite wieder schwieriger.

CROW: Es ist mutig, hier in Peking zu bleiben, was veranlasst Dich dazu dazubleiben?

GAO: Eigentlich bin ich ein Nostalgiker, ein Patriot. Der ‚Patriotismus' wird heutzutage von der Partei entfremdet und ist zur ‚Liebe zur Partei' geworden. Ich dagegen widersetze mich dem aus Liebe zu meinem Land. Für mich ist die Liebe zur Familie und die Liebe zum Land dasselbe. Ich mache mir seit so vielen Jahren Sorgen um die Probleme Chinas. Und ich denke, sich um die Probleme Chinas zu kümmern, bedeutet auch, sich um die Probleme der Welt zu kümmern. Denn egal, ob wir uns über die Probleme der Vereinigten Staaten und

Europas Gedanken machen, sollte man doch immer wissen, in welche Richtung sich China entwickelt.

CROW: Es gibt also immer noch Verantwortungsgefühl?

GAO: Ja, ich hatte immer das Gefühl, dass meine Wahl zwischen Gefängnis und dem Verlassen des Landes lag. Aber es ist eine verschwommene Linie und schwer, sich darin zurechtzufinden. Ich glaube, dass wir momentan an einen Wendepunkt kommen. Ich meine, es ist jetzt wie 1948/49, es geht darum, ob man weggehen kann oder nicht. Und dann ist da natürlich die Realität der Lebensumstände, ob man bereit ist, wegzugehen oder nicht. Es gibt jetzt zwar kein Problem wegzugehen, aber es gibt mehr und mehr Probleme im wirklichen Leben, wenn man bleibt. Man kann jedoch nicht allein nur für sich entscheiden, wenn es um die eigene Familie und Kinder geht … Also, der Grund für diese ‚Gao-Phobie' ist ja nicht nur, dass ich 1989 in Shandong einen Marsch organisiert habe und diese Petition, die von etwa zwei Dutzend Leuten unterschrieben wurde. Es ist nicht so, dass man sich immerfort Gedanken darüber macht. Meine Situation wurde vielmehr dadurch kompliziert, dass der Aktivist Wei Jingsheng 1994, als er auf Bewährung aus dem Gefängnis kam, mich besucht hat. Dies ist die wahre Ursache der ‚Gao-Phobie' und sie wurde deshalb so brisant, weil die Partei überrascht war, dass der US-Außenminister China zu einem Zeitpunkt besuchen wollte, als Wei auf Bewährung war und dass der Sondergesandte ihn treffen wollte, um Menschenrechtsfragen zu erörtern.

Zu dieser Zeit stand die Partei unter der Herrschaft von Jiang Zemin, ein einflussreicher Hardliner und graue Eminenz der Parteiführung, was zur Folge hatte, dass Wei Peking verlassen durfte und sie ihm dafür sogar einen Wagen schickten, damit er überall hinfahren konnte und um damit zu verhindern, dass er sich mit dem Botschafter traf, denn dann würden natürlich alle verhaftet werden. Also gab Wei nach und willigte ein, Peking zu verlassen. Auch ich war zu dieser Zeit nicht in Peking, ich hielt mich gerade für zwei Monate in Jinan auf. Ich hatte mir ein Studio in der dortigen Akademie eingerichtet und war noch dabei aufzuräumen, als plötzlich jemand „Gao Zhen, Gao Zhen" rief. Und ich rief: „Entschuldigung, wer sind Sie denn?" Ich sah einen dicken Mann, der mir nur sehr entfernt bekannt vorkam, denn damals als er vor Gericht gestellt wurde und in Haft saß, war er ein kleiner dünner Kerl. Er wurde dick, als er rauskam und sie ihn aufpäppelten.

Also ich fragte, wer er sei, und er antwortete: „Ich bin Wei Jingsheng. Ich bin gekommen, um Dir zu danken, dass Du unterschrieben hast, um mich zu unterstützen."

Ich denke, er kam auch zu mir, weil er damals als er auf Bewährung draußen war, alle Leute aufsuchen wollte, die für ihn unterschrieben hatten. Nach Angaben der Polizei, die später zu mir kam, hatte er seinen Unterstützern Dankesbriefe geschickt, aber keiner hatte ihm geantwortet außer ich. Ich hatte ihm einen Brief geschrieben, weil ich mir dachte, dass es für ihn sonst keine große Unterstützung gab. Ich schrieb, er sei ein Mensch, den ich bewundere, und dass solche Dinge auch wichtig seien für die Zukunft, was aber nur meine persönliche Haltung zum Ausdruck bringen sollte. Ich meine, wenn jemand, der lange Zeit im Gefängnis war, jemanden hat, der seine Werte teilt, ihm zwar vielleicht nicht viel Hilfe geben kann, aber doch eine Art… Vertrauen… Also, das muss der Grund gewesen sein, dass er zu mir kam, obwohl wir uns nie zuvor getroffen hatten. Er sagte, er sei erstens gekommen, um seine Wertschätzung zu zeigen, und zweitens möchte er mich zu einer Ausstellung einladen. Er wollte mit Hwang Seo eine Kunstausstellung in China, Japan und Korea organisieren und ich solle dabei sein. Zuvor erzählte er mir aber noch, dass er vom Sicherheitsbüro beobachtet und von Sicherheitsleuten verfolgt werde.

Ich hatte aufgrund meiner Erfahrungen nicht sehr viel Angst, aber ich wusste, dass daraus eine lästige Sache werden würde.

CROW: Dachte er nicht, dass sein Besuch Dir Schwierigkeiten bereiten würde?

GAO: Das ist das Problem. Auch der Dekan der Akademie fragte mich, ob er selbst keine Angst vor den Auswirkungen hatte. Ich konnte ihm darauf nicht antworten.

Als Wei hereinkam, sagte er: „Ich sollte es Dir eigentlich nicht sagen, aber heute haben mir die Behörden mitgeteilt, dass meine Bewährung abgelaufen ist. Ich will Dir aber auf keinen Fall Schwierigkeiten machen." Ich sagte, es ist okay, aber ich habe hier nicht aufgeräumt, also komm mit zu mir nach Hause.

Mein Atelier liegt direkt neben meinem Haus. Lass uns bei mir zu Hause reden." Ich verbrachte zwei Tage mit ihm in Jinan und wir spazierten einfach durch den Park. Ich erinnere mich noch daran, als wir im Park waren und aßen, die Polizei saß zwei Tische weiter. Wir aßen und gingen, sie aßen und folgten. Später kam die Polizei in unsere Akademie. Der Sekretär rief mich in sein Büro.

Er hatte Angst und sagte: „Xiao Gao, Du hast Ärger geschürt, erkläre den beiden Herren hier schnell, was passiert ist."

Ich fragte: „Wem denn? Wer seid Ihr?"

Sie waren Polizisten. Und ich fragte: „Von welcher Abteilung kommt Ihr." Ihre Antwort: „Es gibt nur eine Abteilung." Und dann nahmen sie ein Verhör vor wie bei einem Gefangenen.

Ich sagte: „Ihr solltet deutlich machen, mit wem ich es zu tun habe."

Sie sagten: „Wir haben den Befehl erhalten, hierher zu kommen. Wei Jingsheng ist ein großer Name. Warum hat er außer Dir keine anderen Personen aufgesucht?"

Ich sagte, dass mir das ‚auch seltsam vorgekommen' sei und sie sollten doch mehr darüber wissen als ich. Bitte sagen Sie mir doch, warum er zu mir kam. Ich weiß nur, er kam zu mir, weil ich seine Petition unterschrieben hatte, um ihn zu unterstützen, und außerdem plane er eine Ausstellung. So einfach sei das und ich wisse nichts anderes. Ich habe ihn vorher nicht gekannt und so ein großer Name sei er ja auch nicht.

Sie fragten weiter, worüber wir gesprochen hätten?

Ich sagte: „Ich werde Euch nichts sagen."

Sie fragten: „Worüber haben Sie in Bezug auf politische Fragen gesprochen?"

Ich entgegnete: „Ich bin Künstler und spreche nicht über Politik. Ich spreche über Kunst. Ich möchte eine Ausstellung machen. Davon habt Ihr aber eh keine Ahnung."

Der Beamte sagte: „Gao, so redet man nicht mit Leuten wie uns!" Er hatte einfach nur Angst. Ich erzählte den Polizisten, dass Wei mir sagte, seine Bewährung sei abgelaufen und dass er nach dem Recht ein legaler Bürger sei. Es sei also keine große Sache, mich zu besuchen. Doch selbst wenn er auf Bewährung wäre, ihr lasst ihn raus, er kommt zu mir und ist mein Gast – dann behandle ich ihn mit Höflichkeit. Das ist mein Lebensprinzip. Dann habe ich einen Witz gemacht und sagte: Schau, wir kennen uns nun mal … Und wenn Du eines Tages ein Problem hast, kommst Du vielleicht auch an meine Tür, und ich werde auch Dir zu essen geben. Von diesem Tag an wurde ich kontrolliert und bespitzelt.

Da gab es einen Bildhauer in Shandong. Der überwachte mich und berichtete über mich. Immer wenn ich verreisen wollte, musste ich viele, viele Wochen warten, um meinen Reisepass zu bekommen. Ich ging sogar jedes Mal selbst in das Büro für öffentliche Sicherheit.

Damals gab es in der chinesischen Kunstwelt niemanden, der es wagte, sich mit uns auseinanderzusetzen. Wir waren auch vorsichtig, ergriffen nie die Initiative und hatten wenig Umgang mit Menschen, auch um diese zu schützen. 1994 machten wir eine Installation mit dem Titel ‚Kreuzigung'. Wir wollten die Ausstellung im Capital Museum of Art machen und die Verantwortlichen stimmten zu. Aber kurz bevor die Installation ankommen sollte, teilte das Sicherheitsbüro mit, dass die Ausstellung nicht stattfinden könne. Dann kontaktierte man andere Galerien. Doch die ‚Gao-Phobie' war damals besonders stark. Niemand wagte es uns auszustellen. Wir fühlten uns in dieser Zeit sowohl physisch als auch psychisch sehr machtlos.

Viele meiner Freunde haben mir vorgeschlagen, über diese Zeit ein Buch zu schreiben. Ich mache das vielleicht noch in meinen Memoiren.

Die Leute vom System, also die Behörden, konnten oder wollten mich damals nicht verstehen und dachten, ich sei wirklich politisch. Ich hatte auch eigentlich immer das Gefühl, politisch zu sein, aber ich gehörte nicht zu ihnen. Ich hatte immer das Gefühl, dass ich eigentlich nicht geeignet sei, diese Art von professioneller oder organisatorischer Art von kritischen Aktionen zu machen, weil ich weder den Mut noch den Ehrgeiz dazu habe. Bei politischer Arbeit muss man eben in Kauf nehmen, dass das Leben sich verkompliziert.

Ist das nicht der alte Gao! Der alte Gao ist ein guter Mann!

Ich bin wohl deshalb immer noch frei, weil ich denke, die Kommunistische Partei denkt, dass ich nur ein kleines individuelles Element bin.

(Anm. d. Autors: Das hat sich inzwischen geändert. 2022 sah Gao Zhen wegen behördlicher Schikanen keine Möglichkeit mehr, in Peking und China zu bleiben. Zunächst wurde die Miete seines Ateliers im Pekinger Kunstviertel 798 bewusst so exorbitant erhöht, dass er sie nicht bezahlen konnte. Er musste seine Kunst abbauen und in ein Lager außerhalb der Stadt aus der öffentlichen Wahrnehmung entfernen, und verließ – zunächst über eine Zeit in seiner Heimatstadt Jinan – zusammen mit seiner Frau und seinem kleinen Sohn das Land. Dieser Schritt ist ihm natürlich nicht leichtgefallen. Aber er sah seine Familie in Gefahr – und lebt jetzt, wie auch sein jüngerer Bruder Gao Qiang, in den USA.)

CROW: In meiner nächsten Frage geht es um Deine Eltern, wie Dein Vater gestorben ist und wie sich diese Dinge auf Dich ausgewirkt haben.

GAO: Die Sache mit meinem Vater fühlt sich für mich, obwohl es über fünfzig Jahre her ist, immer noch so an, als sei es gestern passiert. Es war, wie schon gesagt, die erste und schmerzlichste Erfahrung in meinem Leben. Es war der 25. Oktober 1968, als die Kulturrevolution ein bestimmtes Stadium erreicht hatte. Die Partei versuchte, das Verhältnis zwischen den Konservativen, den Rebellen und den Kapitalisten aufzureiben. Also startete die Partei eine Bewegung innerhalb der Bewegung, die ‚Säuberung der Klassenränge' genannt wurde. Es war die tragischste Zeit der Kulturrevolution.

Obwohl ich damals noch sehr jung war, kann ich mich noch gut daran erinnern. Damals wurde mein Vater zu einem ‚Gespräch' eingeladen. Und man schickte uns sogar einen Brief, um mitzuteilen, dass unser Vater nicht nach Hause kommen könne. Ich weiß noch, dass zwei Leute auf Fahrrädern zu uns nach Hause kamen und sagten, dass Gao Yongchang, also mein Vater, in Isolationshaft gehalten werde. Als meine Mutter und ich ihn damals verabschiedeten, hatte ich schon das Gefühl, dass mein Vater nicht zurückkommen würde. Auch wenn ich erst 12 Jahre alt war, versuchte ich mir die Gesichter der beiden Männer einzuprägen. Und dann, 25 Tage später, hieß es, er habe sich umgebracht…

(An dieser Stelle mussten wir das Interview kurz unterbrechen. Gao Zhen wollte sich erst wieder etwas sammeln).

Als meine beiden älteren Brüder meinen Vater besuchten, erzählten sie danach, er sei schwer geschlagen worden. Er wurde so heftig geschlagen, dass er kaum stehen konnte. Viele Jahre lang hatte ich ein schlechtes Gefühl, weil ich damals noch zu jung war. Wäre ich in meinen Zwanzigern gewesen, hätte ich wohl einen Weg finden können, ihn zu retten. Dann war es für mich so, dass ich mich eines Tages plötzlich erwachsen fühlte. Denn zu dieser Zeit warst Du nicht einfach nur ein Zwölfjähriger, der nichts wusste, sondern jemand der mitbekam, dass die Gesellschaft sich in einer schrecklichen Weise veränderte. Es ist nur so, dass Du gestern noch genau wie all die anderen Kinder warst, aber heute bist Du zu jedermanns Feind geworden. Zu dieser Zeit lagen mir also viele Fragen, die nicht meinem Alter entsprachen, am Herzen und ich war entschlossen, den Mord an meinem Vater zu rächen. Viele Jahre lang hatte ich das Gefühl, dass ich aus diesem Trauma nicht herauskam. Aber wenigstens hatte ich die Kunst in meinem Leben, die meinen Geist auf dem Weg hielt. Auch war der Gesundheitszustand meiner Mutter nicht gut und wir kümmerten uns auch um unsere Großmutter, die sechs oder sieben Jahre lang gelähmt war. Meine Mutter hatte ihren Job gekündigt, um sich um sie zu kümmern. Zeitgleich war mein Vater der Einzige, der für den Unterhalt der Familie aufkam.

Unsere Familie bestand aus sieben Personen, sechs Brüder und meine Mutter.

Auf der Universität konnte ich es mir damals nicht leisten Lehrbücher zu kaufen, also kopierte ich die Bücher meiner Freunde, die ich für die jeweiligen Semester brauchte. Im Nachhinein betrachtet, war das eine extrem schwere Zeit und alle waren wirklich verzweifelt. Was ich aus dieser Zeit am meisten vermisse ist, dass ich mir immer des Lebens bewusst war, obwohl es auch sehr beängstigend war und ich das Leben noch nicht wirklich verstand.

Tatsächlich ging es damals bei jeder Aktion der Kommunistischen Partei nicht wirklich darum, dass man der „Feind" war. Sie brauchten Angriffspunkte und diese mussten gefunden werden.

Mein Urteil über dieses System wird also keineswegs von irgendeiner Ideologie bestimmt, sondern basiert vollständig auf meiner Lebenserfahrung.

– Gao Zhen

Mein Vater war über vierzig Jahre alt und vergleichsweise ein ziemlich alter Mann – und er hatte viel Erfahrung mit dem kommunistischen System.

Ich hingegen hatte sehr wenig Erfahrung und verstand das System der KPCh, der Partei, noch nicht. Ich erinnere mich nur, dass mein Onkel jeden Morgen die Zeitung las. Er hob die Zeitung auf, blätterte ein paar Mal darin und sagte etwas, das mich tief beeindruckte: Er benutzte das Wort ‚reaktionär'.

Es war das erste Mal, dass ich jemanden dieses Wort für die Volkszeitung ‚People's Daily' verwenden hörte. Mein Onkel dachte, dass die Oberschicht nutzlos sei. Meine Tante allerdings glaubte immer noch, dass die Partei ihre Politik umsetzen würde. Erst Jahre später verstand ich die Bedeutung der Worte meines Onkels. Das Wort ‚reaktionär' wurde nicht in der Logik der Kommunistischen Partei verwendet.

Deshalb rehabilitierte Hu Yaobang später alle Mitglieder der Kommunistischen Partei und viele zu Unrecht verurteilte Menschen, einschließlich posthum meinen Vater.

Ich habe Erfahrung mit feindlichen Konflikten. Ich weiß wie mit internen Konflikten umgegangen wird und mit der Handhabung von Todesfällen im Dienst, mit zehnjährigen Klagen und mit dem Verlust von mehreren tausend Dollar. Das sind die persönlichsten Erfahrungen, die ich mit diesem System gemacht habe. Mein Urteil über dieses politische System wird also keineswegs von irgendeiner Ideologie bestimmt, sondern basiert vollständig auf meiner Lebenserfahrung. Das Lesen von Büchern kann Menschen beeinflussen oder verändern, aber das hier ist mir in Fleisch und Blut übergegangen.

Ich habe immer danach gestrebt, den Tod meines Vaters zu rächen, aber ich wusste nicht, wer genau dafür verantwortlich war. Also wer genau. Ich kenne unsere Feinde kaum. Erst ein paar Jahre nach dem Tod meines Vaters begann ich, nach ihnen zu suchen. Ich erinnere mich, als ich an der Kunstakademie war und für die Stadtverwaltung malte, gab es einen Manager bei einem Empfang, der auf mich aufmerksam wurde und mich zum Abendessen einlud.

Damals nannte ihn jemand Manager Wu und ich hatte von Anfang an ein komisches Gefühl bei ihm. Irgendwie, instinktiv. Genauso wie ich gemerkt hatte, dass mein Vater nicht zurückkommen würde.

Ich sah ihn ernst an, als dieser Mann mir (bei einem Essen) einen Trinkspruch aussprach. Ich vermutete, er könnte einer der Hasser der Kulturrevolution sein. Ich fragte die Kellner, wie dieser Manager Wu mit vollem Namen heißt. So erfuhr ich, dass er Wu Chuan hieß. Ich vermutete, er war einer der Handlanger des korrupten Machtsystems der Kulturrevolution. Ich sollte Recht behalten.

Kurz vor dem Tod meiner Mutter, 1998, habe ich herausgefunden, wo dieser Mann lebt. Er wohnte in einer Wohnung des Rathauses. Es war das chinesische Neujahrsfest, als mein Bruder und ich ihn besuchten. Damals musste man sich noch registrieren lassen, um das Rathaus zu betreten. Sie fragten: „Wer seid Ihr? Was macht Ihr beruflich?" Ich sagte: „Ich bin Reporter. Ich bin hier, um Manager Wu zu interviewen". Man hat uns daraufhin vorgelassen. Ich klopfte an die Tür und wir traten ein. Er selbst war nicht da, aber ein älterer Herr öffnete die Tür und fragte: „Kennen Sie Herrn Wu?" Ich sagte: „Wir haben einen Termin zum Interview." Manager Wu und seine Frau kamen nach einer kurzen Weile. „Von welcher Zeitung seid Ihr?" fragte er.

Ich habe einfach nichts gesagt und ein Bild von meinem Vater herausgenommen. Ich sagte: „Schau mal, kannst Du mir sagen, wer das ist?"

Dreißig Jahre waren seit dieser Zeit vergangen, aber er erkannte es sofort und rief: „Ist das nicht der alte Gao! Der alte Gao ist ein guter Mann!"

Ich schlug die Faust auf den Tisch und sagte: „Scheiße! ‚Guter Mann'. Warum hast Du ihn dann umbringen lassen?"

Er sagte: „Mein Junge, wie alt bist Du?"

Ich sagte: „Es ist egal, wie alt ich bin. Ich bin heute hier, um herauszufinden, wer meinen Vater getötet hat."

Seine Frau bekam Angst, nahm das Telefon und rief den Sohn an.

In weniger als zwanzig Minuten versammelte sein Sohn fast zwanzig junge Männer im Foyer. Sie kamen mit Ziegelsteinen und Holzlatten bewaffnet herüber. Ich erinnere mich, dass das Foyer damals sehr groß war, sodass mehr als zwanzig junge Männer sich darin versammeln konnten. Sein Sohn stand direkt vor mir. Es war fast wie im Film. Als mein Bruder versuchte aufzustehen, hielt ich ihn fest und sagte: „Beweg Dich nicht", denn ich wusste, man würde uns ohne Zögern töten, wenn wir uns zum Kampf stellten.

Der Sohn fragte mich: „Warum bist Du in unser Haus gekommen?"

Ich sagte: „Frag Deinen Vater! Ich werde tun, was Du willst, aber frage erst Deinen Vater. Er kann Dir sagen, warum ich hier bin."

Wu sagte: „Leg Dich nicht mit ihnen an, mein Sohn, Du verstehst das nicht."

Ich sagte: „Sagen Sie Ihrem Sohn, warum ich hier bin."

„Oh, das...", sagte er, „Sohn, das ist etwas, das sich nicht in einem Halbsatz erklären lässt."

Er wurde sehr nervös und sagte: „Es war damals eine andere Zeit, weißt Du...".

Ich sagte: „Ich weiß, es war eine Bewegung, aber Hitler war auch eine Bewegung."

Und sein Sohn fragte: „Was hat das alles hier zu bedeuten?"

Ich sagte: „Gut, dann spreche ich jetzt für Deinen Vater", und ich sagte: „Dein Vater hat zusammen mit anderen Verbrechern meinen Vater getötet. Sie konnten es damals einfach tun, wenn sie es wollten, und Dein Vater war dabei!"

Der Sohn fragte seinen Vater, ob das wahr sei.

„Ich würde nicht in Dein Haus kommen, wenn es nicht stimmen würde." sagte ich „Wu, das war's für heute, ich gehe jetzt, Du erklärst Deinem Sohn alles, und ich werde in ein paar Tagen wiederkommen."

Dann bin ich aufgestanden. Es war wirklich eine völlig irreale Szene. Ich schob die anderen Männer weg und mein Bruder und ich schritten einfach durch sie hindurch.

Ich sagte zu meinem Bruder: „Schau nicht zurück. Mach ganz langsam." Wir durften ihnen nicht das Gefühl geben Angst zu haben. Ich weiß aber noch, wieviel Angst ich in diesem Moment hatte.

Wir waren gerade unten in der Empfangshalle angekommen, als ich hörte, wie mir jemand nachlief. Ich blieb stehen und drehte mich um. Ich sah, dass der Sohn auf uns zu gerannt kam.

Er rief: „Bruder, mein Vater hat mir alles erzählt und ich möchte Dir sagen, dass ich Dich bewundere. Ich hätte an Deiner Stelle wahrscheinlich das Gleiche getan."

Wir waren zuvor von Schmerz und Rache getrieben, doch mit diesen Worten rettete der Sohn seinen Vater. Später, als meine Mutter von den Geschehnissen erfuhr, sagte sie zu mir: „Tu bitte nicht anderen Söhnen an, was Dir passiert ist."

So war es also.

Diese Erfahrung ist für mich wirklich unvergesslich, denn eigentlich wollte ich sie für diesen Mord zur Rechenschaft ziehen. Ich war voller Wut und Hass auf diese Menschen, aber es sind nicht nur die Menschen, die schlecht sind, es ist viel mehr. In Wirklichkeit ist es das System, das schon immer so war.

Viele Leute denken, dass es heute nicht mehr so ist und sie sagen, schau, es geht Dir gut, und so auch der ganzen Gesellschaft.

Ich sehe zwar, dass sich das seit damals etwas geändert hat. Es gab Veränderungen bestimmter Aspekte, aber es sind keine Veränderungen, die durch den Wechsel in der Kommunistischen Partei herbeigeführt wurden, sondern Veränderungen, die durch eine Änderung einer Taktik herbeigeführt werden. Wenn ich von dieser Veränderung spreche, dann sage ich immer noch, dass es früher die Mehrheit der Menschen war, die gelitten haben. Jetzt aber ist es eine bestimmte Gruppe von Menschen, die leiden: wie der Dichter und seine Frau, inhaftierte Anwälte, die ihre Rechte nicht verteidigen können, Bauern, deren Land enteignet wird und Menschen, die in Konzentrationslagern eingesperrt sind. Dieses System hat sich also im Wesentlichen nie geändert.

Deshalb kann ich nicht einfach ein Künstler der ‚schönen Künste' sein. In meinen Wertvorstellungen glaube ich nicht, dass Kunst einen höheren Wert hat als der, ein Mensch zu sein.

CROW: Lass uns noch mal über Deine Performance ‚The Hug' (Die Umarmung) sprechen. Das war doch 1999, oder?

GAO: Ja, '99. Der Ursprung war der Besuch einer Performance-Kunst Veranstaltung in Peking, '99. Es war eine Zeit, in der die chinesische Performance-Kunst auf ihrem Höhepunkt war. Es gab einen Kurator namens Wu Zhenqing, der eine Reihe von Performance-Kunst Aktivitäten in Peking plante. Er lud Künstler aus ganz China zur Teilnahme ein. Zu diesem Zeitpunkt waren wir noch nicht in Peking, sondern immer noch in Shandong. Er lud uns ein, vorbeizukommen und an dieser Aktivität teilzunehmen.

Aber damals betrachteten viele Künstler die Performance-Kunst als eine bewusst sehr expressive Kunstform, die brutal, gewalttätig und grausamer als grausam sein müsste. Es gab Künstler, die das Schlachten von Vieh und *Kannibalismus von Babykadavern thematisierten. (*Anm. d. A.: Um daran zu erinnern, dass es das in der Kulturrevolution und in der Zeit der großen Hungersnöte gegeben haben soll.)

Es ging um eine Ausstellung namens ‚Sensation', die damals in England stattfand, und da zeigten die Künstler damals sehr aggressive Werke und Performances. Aber mein Verständnis von Kunst unterscheidet sich gravierend davon. Ich denke, dass diese Kunst, wenn sie gut gemacht wird, das Ziel hat, eine Art von Gewalt in der Realität offenzulegen. Aber wenn wir alle nur zu Kreuze kriechen und es in einen Wettbewerb oder ein Spiel verwandeln, werden wir die Möglichkeit verlieren, die Vielfalt dieser Art von Kunst zu erforschen. Deshalb wurde von jedem Künstler verlangt, irgendein tierisches Material zu verwenden, was wir alle nicht für möglich oder sehr schwierig hielten. Wir machten Vorschläge, die abgelehnt wurden, weil sie von Ärzten als nicht praktikabel angesehen wurden. Ein Künstler tötete ein trächtiges Schaf, entnahm die Plazenta und zerstückelte sie. Ich hielt das damals für sehr grausam. Der Plan war, die Teile der Plazenta unter unsere Haut zu transplantieren, aber die Ärzte hielten das nicht für machbar. Der menschliche Körper sei nicht in der Lage, dieses Zeug zu akzeptieren. Also haben wir den Plan geändert.

Wir, die Gao Brothers, nahmen einfach Tierblut und wuschen unsere Hände darin wie an einem Opferaltar. Mein Bruder schrieb mir dann englische Worte ins Gesicht. Worte, die mir in den Sinn kamen, wie zum Beispiel Gewalt und Freiheit. Danach schütteten wir das Blut in Theater-Pistolen. Wir beide simulierten eine Duell-Szene. Die Leute waren begeistert. Es war das erste Mal, dass ich meinen Bruder blutüberströmt sah und das erste Mal, dass er mich blutüberströmt sah. In dem Moment, als unsere ‚Aktion' vorbei war, haben wir uns umarmt. Diese Umarmung inspirierte später die Aktivität des Umarmens in ‚The Hug'.

Tatsächlich war diese Performance aber auch eine Kritik an der damals sehr populären Performance-Kunst.

Wir haben ‚The Hug' damals in Oslo gezeigt. Wir waren von einer amerikanischen Menschenrechtsorganisation eingeladen und es hieß, dass sie nicht nur Performance-Kunst einluden, sondern dass es auch Präsentationen gab. Zum Beispiel persönliche Berichte über Erfahrungen von Verfolgten aus verschiedenen Ländern und so weiter. Sie luden Ai Weiwei ein, der scharfsinniger war als wir, absagte, und als Grund angab, dass er zu wenig Zeit hätte. Mein Bruder und ich nahmen die Einladung an und gingen nach Oslo. Ai Weiwei sagte: „Ihr zwei seid zu mutig."

Mein Bruder und ich glauben fest daran, dass Umarmen auch eine Vergeistigung ist. Man kann sich nicht nur körperlich umarmen, sondern es auch spirituell tun. So kann man auch eine gewisse Verletzlichkeit zeigen. Das alles kann ein Ausdruck des Umarmens sein. Wenn zum Beispiel Israel und die Nachbarländer einen Friedenszustand schaffen könnten, wäre das auch eine Art Umarmung.

CROW: Blickst Du in die Zukunft unserer Welt?

GAO: Das tue ich, weil ich denken kann. Ich bin Christ, also glaube ich, dass Gott auf lange Sicht Gerechtigkeit übt. Die menschliche Gesellschaft durchlebt gerade eine sehr lange dunkle Nacht. Sowohl China als auch der Rest der Welt ist im Chaos, und zwar schon seit sehr langer Zeit.

Ich glaube, dass die Welt einen Wendepunkt beim Wiederaufbau der Wertordnung erreicht hat. Denn ich glaube, dass die ganze Welt nach dem

Jalta-Muster seit dem Zweiten Weltkrieg an einen Rand gekommen ist, der verändert werden muss. Ein Grund ist, dass in der Vergangenheit aufgrund des unklaren Verständnisses von ‚totalitärem Kommunismus' viele Werte verloren gegangen sind. Ein anderer ist, dass der Westen nun mit Linksradikalismus und Rechtsextremismus konfrontiert ist, sodass die ganze Welt noch immer vor einem neuen Wertewandel steht. Es kann also sein, dass einige Leute das Thema anders sehen und sich in ihren einigen Slogans verfangen. Ich aber, weil ich mich schon immer für die Geschichte interessiert habe, bin der Meinung, dass Gott diese Zeit braucht, um uns in irgendeiner Weise wieder neu zu erschaffen.

Ich habe also das Gefühl, dass, obwohl ich das grundsätzliche Festhalten an Traditionen ablehne, ich trotzdem immer noch glaube, dass es viele Dinge in Traditionen gibt, einschließlich der traditionellen chinesischen Kultur, die für die nachhaltige Entwicklung der Menschheit von Bedeutung sind.

CROW: Meine letzte Frage an Dich. Wenn Du mein Buch schreiben würdest, wen würdest Du interviewen und wer sind für Dich Menschen mit Courage?

GAO: Das ist eine interessante Frage. Mein Bruder und ich haben ja auch schon ein Buch geschrieben und dazu Leute interviewt. Das Buch heißt ‚The State of Chinese Avant-Garde Art', aber natürlich geht es nicht um das gleiche Thema wie in Deinem Buch. Unser Thema war es, die Meinungen von Kritikern, Kuratoren und Künstlern zu untersuchen, um herauszufinden, ob zeitgenössische Kunst bzw. Avantgarde-Kunst in China immer noch eine enge Beziehung zur Gesellschaft und eine Beziehung zur zeitgenössischen Kultur haben kann. Weil ich glaube, dass die Behörden in den 1990er Jahren die Kunst in verschiedene Industrien und Berufsfelder gelenkt haben, um die soziale Interaktion aufzuteilen mit dem Ziel, sie zu kontrollieren. Aber die Interviews, die wir damals führten, waren etwas enttäuschend.

Doch zurück zu Deiner Frage:

Ich glaube tatsächlich, dass es eine Menge mutiger Menschen gibt. Zum Beispiel der Rechtsanwalt Gao Zhisheng. Sein früher Mut als Anwalt, die Rechte eines Falun Gong zu verteidigen, macht ihn in erster Linie nicht nur zu einem mutigen Menschen, sondern er ist auch ein Mensch, der geistig die Einsicht vieler öffentlicher Intellektueller übertrifft. Denn in den Augen vieler liberaler Intellektueller arbeitet Falun Gong nach den gleichen Methoden wie die einer bestimmten Partei, was meines Erachtens ein völlig falsches Urteil ist. Denn wie kann eine friedliche Art des Glaubens dasselbe sein wie eine totalitäre Herrschaft. So viele ihrer liberalen Intellektuellen haben da ein Missverständnis. Gao Zhisheng kann also in dieser Hinsicht auf der Grundlage einer juristischen Person stehen und humanitär beurteilen, dass hier Menschen verfolgt werden. Eine Gruppe von Menschen wird verfolgt, er setzt sich für sie ein und bezahlt einen so hohen Preis für ihre Rechte. Ich finde, das ist eine erstaunliche Tat. Bis jetzt sind die Ansichten vieler Menschen über Falun Gong falsch.

Nach dem Tod von Deng Xiaoping hatte die kommunistische Partei China wieder fest im Griff. Aber das Massaker am Platz des himmlischen Friedens hat bei vielen Menschen eine spirituelle Krise ausgelöst. Qigong fand immer mehr Anhänger. Li Hongzhi, ein Großmeister des Qigong lehrt eine eigene Version: Falun Gong. Diese Lehre beruft sich auf den Buddhismus und den Taoismus und vertritt pseudowissenschaftliche Konzepte. Diese Bewegung hatte im Jahr 1999 etwa 70 Millionen Anhänger. Mehr als die kommunistische Partei Chinas. Jiang Zemin rief damals zu einer Hexenjagt auf und bezeichnete Falun Gong als eine Sekte.

Mehr als ein Millionen Falun Gong Anhänger wurden in Umerziehungslager gesteckt und zur Zwangsarbeit verurteilt. Also das gleiche Schema wie zu Mao Zeiten mit den LaoJiao Lagern und heute wieder mit den Konzentrationslagern für die Uiguren. Ich selbst brauchte lange, um das zu verstehen und ich hörte Li Hongzhi drei Tage lang sprechen. Damals habe ich ihm überhaupt nicht geglaubt. Weil ich damals dachte: Wo ist der Haken an der ganzen Sache und warum sollte ich ihm glauben. Das liegt daran, dass zu dieser Zeit, nach 1989, viele Qigong-Praktizierende populär wurden, und ich dachte dies brächte eine gewisse" Stabilisierung".

Ich denke, auch Li Hongzhi hatte eine langsame Entwicklung in diese Richtung und war aber stark vom System geprägt. Damals arbeitete eine Cousine von mir im Raumfahrtministerium und sie kaufte ein Ticket für eine dreitägige Rede von Li Hongzhi und sagte: „Die Stimme dieses Mannes ist sehr mächtig. Gehe hin und höre ihm zu." Ich habe mir den ersten Tag angehört. Er sprach über die Dinge, über die wir schon vor mehr als einem Jahrzehnt gesprochen hatten. Etwas oberflächlich über Physik, ein wenig oberflächlich über buddhistische Themen und ich dachte nur: So ein Blödsinn. Damals war das, was er sagte, überhaupt nicht tief, wirklich überhaupt nicht tiefgründig. Aber ich habe später verstanden, dass der Grund für die breitere Akzeptanz einer Religion nicht darin liegt, dass sie tiefgründig ist, sondern gerade darin, dass sie einfach ist. Was Li Hongzhi damals sagte, war ein wenig prahlerisch, und ich war sehr schockiert und enttäuscht. Alle folgten ihm in dieser Bewegung. Er prahlte damit, dass als er eines Tages auf einer Hauptstraße entlanglief, es den ganzen Weg über nur grüne Ampeln gab. Jemand rief: „Ich sehe." Er sagte, dass manche durch Qigong zu Menschen werden und, dass es keine große Sache sei, er könne auch Menschen behandeln.

Meine Cousine fragte mich: „Wie kannst Du nur so stolz sein und ihm nicht glauben?"

Ich sagte: „Cousine, Du bist Tech-Spezialistin, Du liest keine geisteswissenschaftlichen Zeitschriften. Ich bin nicht so leicht zu überzeugen und für mich braucht es mehr als nur grüne Ampeln."

Sie regte sich fürchterlich auf. Also hörte ich ihr zuliebe noch zwei Tage lang zu.

Einige Jahre später, während der Niederschlagung von Falun Gong, sah ich mir einige Dokumente an und dachte: Wie kann man nur Li Hongzhi als Oppositionellen bezeichnen?

Nach all diesen Jahren und meinem Wissen über Falun Gong glaube ich natürlich immer noch nicht, dass es eine Religion ist, aber ich glaube, es war die größte religiöse Verfolgung in der Geschichte Chinas. Und es war die hartnäckigste Widerstandsgruppe gegen das System. In dieser Hinsicht konnte die pro-demokratische Bewegung nicht mithalten. Schau, es sind alles alte Damen und alte Männer, die in Europa und Amerika so viele Jahre lang Propaganda gemacht haben, wie könnten sie dies ohne Glauben getan haben?

Ich glaube, es gibt hochrangige Personen, die auf einer sehr tiefgründigen Ebene sprechen und mit ihrer Kritik dem System auf den Grund gehen. Es sind Leute wie Gao Zhisheng, die wirklich mutig sind.

Oder auch Chen Guangcheng, dieser blinde Anwalt in der Provinz Shandong. Ein blinder Mann, der in der Lage war, für Frauenrechte und sich selbst einzustehen. Ich glaube, das sind mutige Menschen.

CROW: Glaubst Du, dass mutige Menschen diejenigen sein werden, die sich letztendlich behaupten können?

GAO: Davon bin ich überzeugt. Ich glaube nicht, dass solche Menschen ihre Standpunkte aufgeben werden. Diese Menschen geben ihre Position nicht wegen privaten Interessen auf.

Aufgrund meiner eigenen Überzeugung habe ich auch an der gestrigen Ausstellung über die Geschichte von 798 nicht teilgenommen. Eine Ausstellung, die zwischen 798 und der Regierung organisiert wurde. Obwohl ein privater Kurator eingeladen war, war die Hauptrede immer noch von offizieller Seite und man sprach über die Entwicklung von 798. Man bat mich auch, mich von ihnen interviewen zu lassen, aber ich wusste, dass der eigentliche Grund dieser Veranstaltung eine Jahrestagfeier von Mao war oder so etwas. Ich sagte ihnen, dass ich nicht teilnehmen würde. Ich stünde da wie verloren in einem Raum, in dem die Dinge nicht zu mir gehören – und so als sei ich nicht existent. Ich habe dann gestern etwas gepostet: Das Betrachten dieser Ausstellung ist wie in eine Zeitschleife zu reisen. In den letzten Jahren ist viel passiert, vor allem wie ich von Ausstellungen systematisch abgeschottet wurde. Meinen Namen nicht darin zu sehen, sei wie jemanden zu sehen, der eine legendäre Geschichte erzählt, die aber nichts mit mir zu tun hat.

Ich glaube nicht, dass ich besonders mutig bin. Ich denke aber, mich so real wie möglich zu verwirklichen. Ich glaube auch nicht, dass ich die Fähigkeit habe, ein Held zu sein. Ich denke, ich versuche mich so viel wie möglich einzusetzen. Ich weiß irgendwie auch, wie man Strategie einsetzt und wann was zu tun ist. Zum Beispiel diese Skulpturen von mir, ‚The Execution of Christ' (Die Erschießung Christi). Es wäre definitiv ein Problem für mich, diese in China öffentlich zu zeigen. Damals war es nicht ungefährlich, aber ich konnte die Gefahr beurteilen, indem ich den Risikofaktor ein wenig reduzierte. (Anm. d. A.: Diese Skulptur stand im Atelier der Gao Brothers im zweiten Stock im populären Kunstviertel 798. Wer wollte, konnte hoch ins Atelier gehen, dessen Tür nur nachts verschlossen war. Leider sind die meisten Leute nur unten am Ateliergebäude vorbeiflaniert.)

Viele Leute, die mich kennen, verstehen mich eigentlich auch falsch, wenn sie sagen, schau mal, die Behörden wollen ihn eigentlich loswerden, aber tun es nicht. Er bleibt immer noch im 798 und sogar mit Werken, die offiziell nicht erlaubt sind. Einige Leute denken sogar, ich sei Parteimitglied.

Ich glaube, ein mutiger Mensch ist in der Tat einer, der es wagt, in diesem System die Wahrheit zu sagen. Wie gesagt, die Mutigsten sind im Gefängnis! Nach '89 ist die Regierung sehr klug, alle Eliten in das System einzubinden und ihnen ein Haus und Vergünstigungen zu geben. Sie mit ‚Luxus' ruhig zu stellen.

Manchmal habe ich selbst Angst davor, meinen Standpunkt zu bereuen. Doch wenn Du zu einem ihrer schändlichen ‚Ja-Sager' wirst, dann hast Du Deine Würde verloren und Dich selbst verraten.

EIN LEBEN – Acrylfarbe, Pen auf Acrylpapier, 36 x 48cm, © CROW

Sie sprechen mit Dir. Alle sagen Dir, nimm mich bitte mit. Und Du kannst ihnen nicht erklären, dass Du alles machst, damit sie ein tolles Zuhause bekommen. Das macht einen so traurig. Sie alle sind auf ihre Art so einmalig.

– Nana, 2019

EKATARINI ALEXIADOU
DIE RESCUER – NANA

Im Hunde-Shelter in Shanghai, 2019 © CROW - www.shanghai-animal-rescue.com

EKATARINI ALEXIADOU ist eine erfolgreiche, unabhängige griechisch-deutsche Geschäftsfrau und lebt in Shanghai. Ein Tumor veränderte ihr Leben quasi über Nacht: Sie gab ihre ganze Energie und ihren ganzen Mut und rettete Straßen-Hunde vor dem sicheren Tod. Viele Hunde, sehr viele Hunde. Sie fand für sie Familien in der ganzen Welt, kümmerte sich um die veterinären Gesundheitszertifikate und organisierte die Flüge der Tiere in ein besseres Leben. Alles auf eigene Kosten.

Ekatarini Alexiadou ist ein lebendiges Beispiel dafür, dass ein einziger Mensch die Macht hat, die Leben Vieler positiv zu verändern. Ihr Vermächtnis wird nicht nur in den geretteten Hunden, sondern auch in den Herzen der Menschen weiterleben, die von ihrer Geschichte berührt werden.

Im Hunde-Shelter in Shanghai, 2019 © CROW - www.shanghai-animal-rescue.com

MIT IHREN EIGENEN WORTEN

Ich wurde 1970 als zweites Kind einer griechischen Gastarbeiterfamilie in Lüdenscheid im schönen Sauerland geboren.

Allein schon das Wort Gastarbeiter. Das gibt es echt nur in Deutschland, dass Gäste arbeiten müssen.

Mein Vater war ein Held, mein Held. Er war Maurermeister und bereits Anfang der 60er nach Deutschland gekommen.

Er war einer der wenigen mit Weitblick. Er hat immer gesagt, wenn mein Kind eine deutsche Schule besucht, dann soll es auch das dürfen, was deutsche Kinder dürfen.

Natürlich war das für die restlichen Verwandten unvorstellbar. Heute bereuen sie ihre Sturheit, denn ich bin die Einzige in der Familie, die eine gute Ausbildung hat. Ich habe das Vertrauen meines Vaters nie missbraucht und witzigerweise sind mein Vater und ich ziemlich deutsch. Überpünktlich, ordentlich und diszipliniert.

Wenn man sich meinen Lebenslauf anschaut, dann würde man sagen, ich bin ein Überflieger oder eine Karrierefrau.

Beides bin ich nicht.

Ich habe ein gutes Abitur gemacht und wollte dann Medizin studieren. Das ging nicht, weil ich Bildungsinländerin bin, ja genau. Tolles Wort, oder? Ausländer mit deutschem Abitur – und die waren vom Medizinertest ausgeschlossen. Wie bescheuert.

Aber wenn ich ehrlich bin, dann hätte ich es nicht durchgestanden. Mediziner müssen heute wie Manager agieren und das könnte ich mit meinem Gewissen nicht vereinbaren.

Und jetzt kommt was, was Du wahrscheinlich nicht weißt.

Ich bin Physikerin. Ja. Nicht lachen. Nicht alle Physikerinnen müssen wie Angela Merkel aussehen.

Ich habe zuerst zwei Semester Chemie studiert, aber das war nichts für mich. Mein damaliger Freund hat physikalische Technik studiert und hat mir empfohlen, mich doch einfach einzuschreiben. Dann hätte ich immerhin einen Studentenausweis, denn ich wusste echt nicht, was ich machen sollte.

Ich habe mich eingeschrieben und ihn überholt. Vordiplom mit 2,1 nach drei Semestern, Diplom nach sieben Semestern mit der Gesamtnote ‚sehr gut'. Streber, oder?

Dass ich mathematisch begabt bin, wusste ich, aber dass ich so drauf bin, nicht.

Ich habe sofort einen Job bekommen bei der ‚ABB' und bin dann in den Süden gezogen.

Da war ich nach anderthalb Jahren Führungskraft und gehörte zu den 10.000 ‚High Potentials'.

Konzerngehabe ist nicht so meins, und nachdem mein Sohn auf die Welt kam sowieso nicht mehr.

Ich bin dann in den Mittelstand gewechselt und war dort 8 Jahre Geschäftsführerin im Bereich Dosiertechnik.

Aber mein Leben war nicht immer Sonnenschein. Ich habe es bereits auf zwei Scheidungen gebracht.

Ich war das erste Mal 2007 in China und habe mich in dieses Land verliebt. Ich liebe die Chinesen wirklich, sie haben etwas mit den Griechen gemeinsam.

Von 2007 bis 2011 habe ich nur international gearbeitet, ich bin mindestens zweimal im Monat nach China geflogen. Das war eine sehr anstrengende Zeit, aber irgendwie wollte ich wohl immer weg von meinem Ex-Mann.

Danach waren Stefan, mein neuer Mann, und ich zwei Jahre erfolglos selbstständig. Mein heutiger Chef kannte mich schon sehr lange und hat mir angeboten, nach China zu gehen.

Er hatte bereits seit Jahren eine Gesellschaft in Hongkong, aber die Zuwächse waren nicht so berauschend.

Ich bin dann 2014 als Beraterin erst mal hierher nach Shanghai, habe aber gesagt, dass wir nur umziehen, wenn sein Shareholder aus Hongkong aussteigt und mir die Anteile gibt.

Wir haben mit 70.000 Euro Umsatz in 2015 angefangen. 2019 waren es drei Millionen Euro Umsatz, und wir haben noch eine eigene Immobilie gekauft.

Ich war das erste Mal 2007 in China und habe mich in dieses Land verliebt. Ich liebe die Chinesen wirklich, sie haben etwas mit den Griechen gemeinsam.

Wie Du siehst, viele, viele Lichtblicke in meinem Leben. Deswegen war mir immer klar, dass ich auch irgendwann mal so richtig eins auf die Nase bekommen würde. Und so war es ja dann auch.

Ich nenne mich Rescuer-Nana, denn so heißt meine große Liebe und mein erster Rescue-Hund.

Mein Sohn musste 2016 für die Schule ein Praktikum machen und hat sich entschieden, das in einer Tierklinik zu machen. Es war Pet-Zoo in der Nähe von der Laowei Straße in Shanghai. Am ersten Tag, am 22.06.2016, hat er mir ein Video geschickt. Diesen Moment werde ich nie vergessen.

Ein Züchter ließ seine Hunde in einem Gebäude zurück, das er zum Abriss freigegeben hatte. Bis auf Nana hat es kein Tier überlebt. Nana hat durch die Verletzungen Ataxia, das ist eine Einschränkung der Haltung und der Bewegungen.

© CROW

Sie konnte gerade so laufen und eigentlich wollte man sie einschläfern. Ich habe gesagt NO WAY! Man schläfert doch keinen Hund ein, nur weil er behindert ist. So begann ein langer Weg für uns. Ich war jeden Tag bei ihr, habe alles für sie versucht, und es wurde immer besser. Ich habe sie zum Picknick geholt, wir waren schwimmen. Ich habe ihr ein Prinzessin-Zimmer in der Klinik eingerichtet. Stefan, mein Mann, konnte das Elend nicht mehr mit ansehen, und ich durfte sie mit nach Hause holen. Und tatsächlich ging es immer besser mit dem Laufen, aber ich wusste, dass ich ihr hier in China nicht mehr weiter helfen konnte.

Es gibt hier keine Wassertherapie und viele andere Therapien auch nicht. Ich habe für sie eine Familie in England gefunden und habe sie persönlich am 21.12.2016 nach Paris ausgeflogen. Es geht ihr super dort, sie läuft gut, zwar immer noch wie ein Wackeldackel, aber sie läuft. Dort in Paris war meine letzte Umarmung. Es gibt leider keinen Tag in meinem Leben, an dem ich nicht an sie denke und selbst jetzt, wenn ich das hier erzähle, laufen mir die Tränen. Sie hat einen großen Teil meines Herzens mitgenommen. Aber sie hat mir auch ganz viel gegeben. Sie war so ein glücklicher Hund, ihre Augen haben immer gestrahlt, sie hat sich immer gefreut. Egal ob sie laufen konnte oder nicht. Und damit war ich als Rescuer gefangen.

Retten ist wie Mafia. Wenn Du einmal drin bist, kommst Du nicht mehr raus.

Danach hatten wir bestimmt noch so zehn Pflegehunde zuhause, immer wieder einen gerettet und dann vermittelt. Im Sommer 2017 hat mich Katherine kontaktiert. Sie ist eine Chinesin und sehr bekannt in der Tierretter-Community. Sie hatte zu der Zeit einen Shelter mit 90 Hunden und die lokalen Parteigenossen wollten ihn schließen. Aus dieser Not ist SAR entstanden, und aus 90 Hunden wurden in zweieinhalb Jahren fast 900 gerettete Tiere. Am 01.08.2017 war ich das erste Mal mit zwei Veterinären in der Shenpu-Klinik. Wir haben damals 50 Hunde gechippt und geimpft.

DER SCHLAG AUF DIE NASE

Eigentlich ging die Geschichte mit dem Krebs schon im Mai 2017 los. Maria, meine beste Freundin, gefühlt eigentlich meine Schwester, wurde mit Krebs diagnostiziert.

Maria und ich kannten uns seitdem wir fünf Jahre alt waren. Wir sind durch dick und dünn gegangen, ich bin Patentante ihrer Kinder und sie meines Sohnes.

Ich bin im Sommer 2017 nach Deutschland geflogen und konnte sie so bei einer Chemotherapie begleiten.

Sie war ein Schatten ihrer selbst, abgemagert, schon von den Medikamenten benommen, und das im Alter von nur 45 Jahren. Sie hatte kleinzelligen Lungenkrebs und die Überlebenschancen sind da leider sehr gering. Ihre Familie hat alles für sie getan, sie komplett betreut, rund um die Uhr. Ich bin planmäßig 4 Tage vor ihrem 46. Geburtstag nach Deutschland geflogen, um mit ihr ihren Erfolg zu feiern. Wir haben alle so sehr daran geglaubt, dass sie es schafft. Leider war das nicht der Fall, sie ist am 6. Dezember gestorben.

Ich habe heute noch Augenblicke, in denen ich nicht wahrhaben will, dass sie nicht mehr da ist. Ich vermisse sie unendlich.

Ende September haben mich Kopfschmerzen geplagt, immer morgens. Wir sind davon ausgegangen, dass es an der Klimaanlage liegt. Der erste Arzt hat mir dann erklärt, dass es wohl eher ein Nackenproblem sei und mir Schmerzmittel gegeben. Am 12. Oktober wollten wir unseren Freund Jürgen vom Flughafen abholen. Er ist Mediziner und immer mal wieder in China. An diesem Tag konnte ich nicht mehr geradeaus laufen und habe mich nur übergeben. Wir sind gemeinsam zu einer befreundeten Ärztin gefahren und dort wurde ein CT gemacht. Unser Freund Jürgen hat sich die CT-Bilder bei uns zuhause am Fenster angeschaut und gesagt: „Die sind ja so dämlich die Chinesen. Das kannst Du nicht sein. Die Gehirnmittellinie ist komplett verschoben. In diesem Gehirn ist ein großes Ödem. Wäre dies hier Dein Kopf, könntest Du weder laufen noch sprechen."

*Die Prognose war, dass ich noch
vier bis sechs Wochen zu leben hätte.*

Er hatte leider Unrecht, es war mein Kopf. Das hat sich im MRT bestätigt. Einen Tag später kam dann noch ein PET-Scan. Ich hatte Lungenkrebs mit mehreren Metastasen, darunter drei im Kopf. Diesen Zustand nennt man Krebs im vierten Stadium, eigentlich im Endstadium.

Die Prognose war, dass ich noch vier bis sechs Wochen zu leben hätte.

Jürgen hat einen Freund, der Onkologe ist, der hat empfohlen, nur Immuntherapie zu machen, das könnte nie schaden. Damit begann dann eine Art Studienreise für mich. Ich wurde mit Kortison behandelt, sodass die Schwellung im Gehirn zurückging. Wir sind dann zwölf Tage später nach Deutschland, in das gelobte Land der Medizin geflogen. Ich möchte hier nicht näher darauf eingehen, aber es ist so traurig. Es ist schon schlimm genug, dass man Krebs bekommt, aber wie man von den Medizinern behandelt wird, ist unglaublich. Für mich stand vom ersten Tag fest, dass ich keine Chemotherapie und Bestrahlung machen wollte. Ich hatte den Leidensweg meiner Freundin erlebt und wollte die mir noch verbleibende Zeit nicht in Krankenhäusern verbringen. Wenn man Mediziner befragt oder sich wehrt, werden sie äußerst unangenehm. Wenn man Krebs hat, kommt man automatisch in eine Maschinerie, die mehr mit Geld machen als mit Heilen zu tun hat. Es ist unfassbar. Krebs verursacht Angst, und das ist der Zustand, den viele Ärzte am liebsten haben, denn dann ist man ja dankbar für jede Hilfe.

NICHT ICH!

Vom ersten Tag an habe ich beschlossen, nicht den normalen Weg zu gehen. Ich wollte ein normales Leben und so habe ich auch weitergelebt.

Dass ich nun nach eineinhalb Jahren fast geheilt bin, liegt an meinen Genen, an meinem Durchsetzungswillen, an meiner Sturheit und daran, dass ich einfach keine Zeit habe zu leiden, geschweige denn zu sterben. Es gibt so viele Tiere, die auf mich zählen, die mich brauchen, so viele Menschen, die mich lieben und brauchen. Bis heute habe ich mich mit meiner Krankheit sehr zurückgehalten und wenig darüber veröffentlicht. In dieser

Woche haben mir meine Onkologen gesagt, dass ich bald mit der Therapie aufhören kann, denn ich habe es wohl geschafft.

Morgen starte ich meinen ersten Triathlon. Ich habe nicht wirklich perfekt trainiert dafür, aber es geht ums Ankommen. Es geht darum zu zeigen, dass man es schaffen kann. Ich will morgen ankommen, ich will morgen Menschen ermutigen, sich nicht aufzugeben. Ich will für alle unsere Tiere rennen, für ihr Leben. Natürlich bin ich aufgeregt, aber aufgeben ist keine Option für mich. War es nie und wird es nie sein.

Dieser Text stammt aus einer SMS, die mir Ekatarini im Sommer 2019 im Rahmen meiner Recherchen geschrieben hat. CROW, 2022

Dass ich nun nach eineinhalb Jahren fast geheilt bin, liegt an meinen Genen, an meinem Durchsetzungswillen, an meiner Sturheit und daran, dass ich einfach keine Zeit habe zu leiden, geschweige denn zu sterben. Es gibt so viele Tiere, die auf mich zählen, die mich brauchen, so viele Menschen, die mich lieben und brauchen.
.

NANA – Acrylfarbe, Pen auf Acrylpapier, 36 x 48cm, © CROW

In dem Moment, wenn du weißt, es ist das letzte Mal, spielt das alles keine Rolle mehr.

– CROW, 01.06.2020

MEINE MUTTER

1936 – 2020

GESCHICHTEN (M)EINER MUTTER

Diese kleine, zierliche Frau, die stets darauf geachtet hat, wie sie gekleidet war, ob der Schmuck zum Kleid passte, und was wohl die anderen Leute denken sollen. Die streng war und überfürsorglich, wobei das eine aus dem anderen resultierte. Die Erinnerungen an meine Mutter heute sind ihre lebhafte Art zu reden und dabei synchron mit den Fingern auf dem Tisch zu schreiben, wenn ihr ein Wort nicht einfiel. Es sind Erinnerungen an die Berührungen mit ihrem Handrücken auf meinem Gesicht, was ich immer scherzhaft als ‚Rasurkontrolle' bezeichnete und die Überfreude, wenn ich sie besuchte. Es sind aber auch Erinnerungen an Krankheit, Schmerzen, Tod und an den einen Tag, als ich sie bewusstlos im Bad gefunden habe und ein anderes Mal, Jahre später, bei dem Versuch sich die Pulsadern aufzuschneiden.

Geboren 1936, als erstes von 5 Kindern. Zwei Schwestern und zwei Brüder, wobei ich von einem der beiden Jungs erst erfuhr, als meine Mutter schon gestorben war. Dieser Bruder war zwei Wochen nach seiner Geburt gestorben. Meine Mutter hatte ihn nie erwähnt. Auch sprach sie nie von ihrem Vater, oder vielleicht tat sie es, aber ich kann mich nicht mehr daran erinnern. Jedenfalls habe ich nie ein Bild meines Großvaters gesehen.

Aufgewachsen bei ihrer Großmutter war ihr Leben, wie das vieler anderer junger Frauen dieser Zeit, von Arbeit, Verantwortung und strenger Erziehung geprägt. Sie erzählte mir oft die Geschichte mit der Erbsensuppe, die sie so hasste und die sie, ob sie wollte oder nicht, immer aufessen musste, wenn ihre Großmutter sie gekocht hatte. Oder dass ihre Großmutter immer in der Küchentür stand, wenn sie etwas später nach Hause kam als erlaubt. Das Gleiche hat meine Mutter dann übrigens später auch mit mir gemacht. Ich erinnere mich noch sehr genau an die Szene, als ich mit einem Mädchen an der Hand von der Disco nach Hause gelaufen bin und meine Mutter kam mir auf halben Weg schimpfend entgegen. Ich erinnere mich nicht mehr ganz an jedes Wort, aber es war wohl genug, um zu erreichen, dass ich dieses Mädchen nie wieder gesehen habe und mit Stubenarrest bestraft wurde. Ich muss dazu sagen, dass ich zu dieser Zeit bereits 15 Jahre alt war.

Soweit ich weiß, gab es drei Männer im Leben meiner Mutter. Alle drei sehr prägnant auf ihre Weise und alle drei Beziehungen hatten nachhaltigen Einfluss auf ihr Leben.

Da wäre zum ersten mein Vater, mit dem sie von 1956 bis zu seinem Tod 1980 verheiratet war. Glücklich, wie ich annehme, da ich gerne dieses Bild meiner Eltern vor Augen habe, von zwei sich umarmenden Menschen. Wenn auch verschwommen, aber diese Szene begleitet mich bis heute. Aus dieser Ehe gingen fünf Kinder hervor. Meine zwei Schwestern und meine zwei Brüder. Allesamt in einer kleinen Dreiraum-Betonwohnung verteilt. Mit Balkon und Ofenheizung, wie in der DDR der 70er Jahre üblich.

Als mein Vater starb, war meine Mutter plötzlich alleine mit vier Kindern. Meine große Schwester war schon ausgezogen und somit begann wohl die schwerste Zeit in ihrem Leben. Alleinverdiener mit drei pubertierenden Jugendlichen und einem kleinen Jungen, dem gerade eine Welt zusammengebrochen war. Ich habe erst viele Jahre später realisiert, wie stark diese Frau gewesen sein muss. Ich habe ihr vor ein paar Jahren auch einmal gesagt, wie sehr ich sie dafür bewundere.

Dann, etwa drei Jahre nach dem Tod meines Vaters, meine anderen Geschwister waren nun auch alle ausgezogen und somit lebten wir allein in unserer Neubauwohnung, kam ein Mann in unser Leben, für den ich hier nicht ein einziges gutes Wort übrighaben will und werde. Ich glaube meine Mutter hat die Zeit mit diesem Idioten später immer bereut. Zumindest sagte sie mir das häufig. Sie empfand es wohl immer als ihr größtes Versagen mich bzw. uns diesem Typen ausgesetzt zu haben.

Ich empfand das zum Glück nie wirklich so. Für mich lag ihr einziges Versagen lediglich bei dem Versuch, den Quarkkuchen meiner großen Schwester Doris nachzubacken.

Nach der Wende traf sie ihre letzte Beziehung. Horst war ein netter und bescheidener Mann mit Sinn für schöne Reisen und Abenteuer im Wohnmobil. Genau was meine Mutter brauchte. Sie war nun glücklich, endlich, und die Beiden sollten viele schöne Jahre zusammen verleben dürfen.

An dem Tag an dem Horst starb, begann bei ihr der langsame innere Zerfall. Eine gemeine schleichende Vergesslichkeit drang gnadenlos in ihre Welt ein und entriss sie mir Stück für Stück.

Seltsamerweise waren es auch gleichzeitig die Jahre, die mich ihr wieder näher brachten. Ich habe in dieser Zeit realisiert, was für eine grandiose Person meine Mama ist. Zu dieser Zeit lebte ich bereits im Ausland, doch wann immer ich in Deutschland war, war meine erste Fahrt zu ihr. Auf dem Weg kam ich immer an dem großen Fabrikgebäude vorbei, das sie als junge Frau gezeichnet und konstruiert hatte. Sie hat zu DDR-Zeiten als Technische Zeichnerin gearbeitet und dieses große Fabrikgebäude steht nun schon über 40 Jahre in meiner Heimatstadt. Wie ein Denkmal, das sie sich selbst gesetzt hat.

Meine Mutter lebte stets nach dem Credo, es jedem recht machen zu wollen. Das war bei ihr sicher hauptsächlich auf ihrer eigenen Erziehung zurückzuführen. Das war vermutlich auch einer der Gründe, warum wir es zusammen nicht immer einfach hatten. Sie und ich hatten unsere Höhen und Tiefen zusammen. Wir haben gestritten und ich habe sie als Jugendlicher sicher mehr als nur einmal verflucht.

Ich habe mich oft von ihrer Liebe erdrückt gefühlt und wir waren eigentlich nur selten einer Meinung. Aber als sie dann auf ihrem Sterbebett lag, ich nicht bei ihr sein konnte und mich nur via Video von ihr verabschieden durfte, da wurde mir eines bewusst. Was auch immer gewesen ist. Was jemals Falsches gesagt oder getan wurde. In dem Moment, wenn Du weißt, es ist das letzte Mal, spielt das alles keine Rolle mehr.

Ich möchte die Geschichte meiner Mutter stellvertretend für die Geschichten aller Mütter dieser Welt aufschreiben. Wenn ich es auch, wie hier sehr stark gekürzt erzähle, war ihr Leben dennoch ein Leben, für das es vor allem eines brauchte, Courage!

Während einer meiner Ausstellungen in Deutschland 2017

GRABREDE EINES KINDES

Und hier stehe ich
Dein Name in den Stein geschlagen
Kann ich noch immer Deine Stimme hören
Manchmal, in der Ferne
Du bist nun über dem Regenbogen
Weit über den Wolken
Hoffe ich, Du bist stolz auf mich
Doch die Träume in den Kinderaugen
Stürzen hinab in die Dornen des Lebens
Und dennoch
Die goldenen Erinnerungen fühlen sich so gut an
Sie werden immer bleiben
Bis zum Ende meiner Zeit
Du hast zu mir gesungen, bevor ich atmete
Lebendig im Inneren gabst Du mir Leben
Ich fühlte Deinen Herzschlag, als er meinen berührte
Dieser Rhythmus blieb und ist nie vergangen
Du wärmtest die kältesten Tage
Und Dein Lachen driftet über tausend Meilen
Bis ins Traumland
In dem Dein Kind für immer lebt.

CROW, 10.07.2020

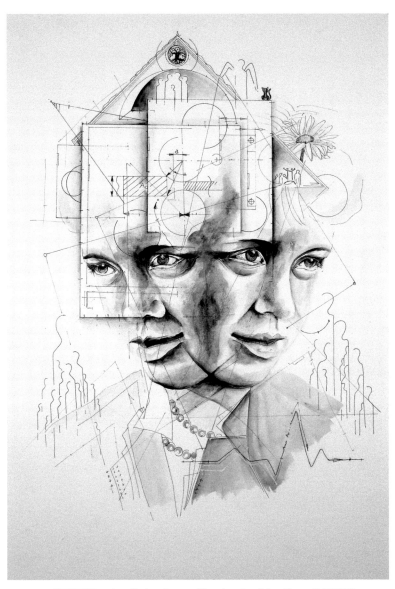

MUTTER – Acrylfarbe, Pen auf Acrylpapier, 36 x 48cm, © CROW

By our own hands, we can give something back to life through art.

– Wu Shang

WU SHANG
BEWEGENDE KUNST

In Wu Shangs Studio in Wenling / China 2020, Foto © CROW

WU SHANG – geboren in Wenling in der chinesischen Provinz Zhejiang. Aus der Erfahrung eines geregelten und in den Entfaltungsmöglichkeiten stark reduzierten Lebens ging er aufgrund einer außerordentlichen Begabung seinen eigenen Weg und zählt heute zu den bedeutendsten und individuellsten Tattoo-Künstlern Chinas und der Welt. Mit Hilfe seiner Talente als studierter Künstler, Grafiker, Handwerker und Stratege schuf er einen unverwechselbaren Tattoo-Style.

Hochgeschätzt und berühmt liegt doch die wahre Größe dieses bescheidenen Mannes nicht in seinem Erfolg, sondern in seinem Verantwortungsgefühl und Gemeinsinn etwas zurückzugeben. So ging Wu Shang aus den Metropolen Shanghai und Peking zurück in seinen Heimatort. Der ‚Sohn der Stadt' baute dort auf private Kosten ein Museum für Chinesische Kultur und schenkte es den Einwohnern. Überdies half er viele ihrer Häuser zu sanieren und schuf dort einen Ort, der mit seiner naturbelassenen Schönheit, die lokale Bevölkerung, vor allem die jungen Leute, nachhaltig inspiriert, an ihre eigenen Möglichkeiten für ein besseres Leben zu glauben.

MEIN FREUND WU SHANG

Es ist ein heißer Nachmittag im Juni 2020 und ich befinde mich in Wenling im Osten Chinas.

Vor mir sitzt ein Mann, über den man ganze Bände schreiben könnte, und ich habe es mir zur Aufgabe gemacht, so viel wie möglich über ihn auf vier oder fünf Buchseiten zu bekommen.

Die Rede ist von Wu Shang. Ein Künstler der Extraklasse. Tattoo-Artist, Maler, Autor, Designer, Museumsgründer und mein Freund seit vielen Jahren. Er strahlt wie immer eine sanfte Ruhe aus, doch ich weiß, in ihm brodelt ein Vulkan aus Gedanken und Plänen, von denen er gerne auf seine charmante Art berichtet.

Seine aktuellen Projekte sind sein neues 700m² Wohnhaus und eine Galerie bzw. ein Tattoo Museum. Er zeigt mir Skizzen und Pläne und mit leuchtenden Augen beschreibt er mir ein paar Details. Er sei auch schon mitten in den künstlerischen Vorbereitungen erzählt er mir stolz und zeigt dabei auf einen losen Stapel von ziemlich echt aussehenden Armen. Diese Arme bestehen aus einem von ihm entwickelten speziellen Kautschuk, das der menschlichen Haut sehr nahekommt. Es sollen noch Beine und sogar ganze Körper folgen.

„Stell Dir vor", sagt er, „ein komplett weißer Raum, keine Möbel oder Regale. Nur Glaskästen mit den tätowierten Body Parts. Die Leute können einfach frei hineingehen und die Tattoo Kunst von einer völlig anderen Perspektive sehen." Ich schaue mir seine Skizzen und Entwürfe an und beginne, mir das alles vorzustellen. Wu Shang steht auf. „Bin gleich zurück" sagt er und verschwindet kurz.

Mit Kaffee, Cola und Zigarren bewaffnet kommt er nach etwa fünf Minuten zurück, setzt sich an seinen Schreibtisch und beginnt zu erzählen…

– CROW, 2020

THE MOVING ART – DIE BEWEGTE KUNST
CROW mit WU SHANG Interview | 2020

CROW: Warum hast Du, in einem Land wie China, die Tätowier-Kunst als Karriereweg gewählt?

WS: Nach meinem Abschluss an der ‚Chinese Central Academy of Fine Arts' (CAFA) konnte ich mich entweder für Design oder Lehrtätigkeit entscheiden, aber ich entschied mich für eine Kunstrichtung, die in dem China vor 20 Jahren noch recht unbekannt war und nicht wirklich verstanden wurde, hauptsächlich aber, weil ich die Vorstellung hatte, dass nur Tätowierungen die ästhetischen Vorstellungen eines Menschen ausdrücken können. Denn die Haut des menschlichen Körpers unterscheidet sich sehr stark von Papier oder Leinwand, sodass die Werke durch die Bewegungen des menschlichen Körpers und die Muskellinien auf eine spezifische Art und Weise präsentiert werden können, die absolut einzigartig und lebendig ist. Ein gemaltes Kunstwerk kann durch Einrahmen und Aufhängen an eine Wand betrachtet werden, ein Tattoo befindet sich jedoch ständig im bewegten Präsentationsmodus an einem menschlichen Körper. Was ich mir vorstellte war, dass Tätowierungen ihre Träger tagtäglich in ihrem Leben begleiten und so in die ganze Welt hinausgetragen werden können. Kunst in Bewegung so zusagen.

CROW: Warum hast Du Dich als Tätowierer für den chinesischen Kalligraphie-Stil entschieden?

WS: Das Tätowieren war definitiv mein persönlicher Durchbruch in meinem Verständnis über das Zusammenspiel von Leben und Kunst. Gleichzeitig auch als Tätowierer, als Künstler und als Vertreter der chinesischen Kultur. Kunstwerke, egal welcher Art, sollten eine Wertigkeit haben und einzigartig sein. Nur so bekommt Kunst auch eine Bedeutung.

Das Tätowieren war definitiv mein persönlicher Durchbruch in meinem Verständnis über das Zusammenspiel von Leben und Kunst.

Als Künstler wollte ich unabhängig und innovativ sein. Mein Herz sagte mir, mich für das Tätowieren im chinesischen Stil zu entscheiden. Zu dieser Zeit war die chinesische Kultur und Kunst alles andere als innovativ und die Kunstrichtung der Tätowierkunst war praktisch nicht existent. Ich hätte es einfacher haben können als Künstler in China. Ich hätte nur anfangen müssen, die großen Tuschemaler und Kalligraphen zu kopieren oder in die westliche Art von Kunst einzusteigen.

Ich hätte schnell und gut von der Kunst leben können. Doch ich wollte einen anderen, einen neuen Weg gehen. Meinen Weg. Es gibt ein altes chinesisches Sprichwort: 'Es ist besser der Kopf eines Huhns zu sein als der Schwanz des Phönix'. Das war mein Ansporn.

Wir alle kennen Tätowierungen im europäischen und japanischen Stil, aber Tätowierungen im chinesischen Stil waren auf der Tattoo-Weltbühne einfach nicht präsent. Deshalb war ich entschlossen, meine Art der Kunstpräsentation durch Tätowieren auszudrücken. Der künstlerische Ausdruck oder die Kunstform ist nichts anderes als der Ausdruck des inneren Zustands eines Künstlers: der Sinn für Schönheit, der Sinn für die Welt und der Sinn für Menschlichkeit. Als Chinese bin ich seit meiner Geburt tief mit meinem Mutterland und mit der chinesischen Kultur verwurzelt. Als ich meine Entscheidung für meine Laufbahn als Tätowierer traf, war es mein persönliches Ziel, ein Übermittler der chinesischen Kultur im Bereich Tätowierung zu werden und die chinesische Kultur in diesem Bereich durch Tätowierungen zu kanalisieren. Das heißt, die Entscheidung für diese Kunstrichtung beruht auf der Notwendigkeit, meine persönlichen Werte als Mensch – also darauf, meine Einstellung, die in der chinesischen Kultur verwurzelt ist, tiefgreifend kennenzulernen, und, was noch wichtiger ist, meine Absicht, mich durch diese Kultur auszudrücken, um mehr Menschen die chinesische Kultur nahebringen zu können.

CROW: Wann hattest Du Dich dazu entschieden? Direkt nach Deinem Abschluss?

WS: Die Entscheidung für das Tätowieren im Stil der Tuschemalerei fiel, nachdem ich das Tätowieren technisch erlernt hatte, und es hat eine lange Zeit gedauert, bis ich diesen Weg erkannte. Eigentlich war mein Hauptfach an der CAFA ja die Ölmalerei, eine total westliche Ästhetik. (lacht) Denn als ich jung war, dachte ich, dass europäische Kunst die coolste Sache von allem war.

Es war definitiv ein Prozess, den man durchdenken muss. Du hast Dich für etwas entschieden, von dem Du denkst, dass es sinnvoll ist, aber wie Du es verwirklichen kannst, ist dann der nächste Schritt. Dafür musst Du erst herausfinden, wo Du gerade stehst, was Du am meisten willst und was am besten zu Dir passt. Das bedeutet aber auch, es immer weiter zu versuchen, sich weiter anzustrengen und einen kognitiven Prozess auf dem ganzen Weg zu durchlaufen.

An einem bestimmten Punkt wirst Du feststellen, dass Du, wenn Du die chinesische Ästhetik lernst und verstehst, immer mehr davon besessen sein wirst.

Wu Shang posiert mit meiner Exakta Kamera aus der ehemaligen DDR, die ich ihm an diesem Tag schenkte.

CROW: Wie groß ist die Bedeutung chinesischer Tattoo-Kunst heute?

WS: Ich bin nun seit fast 20 Jahren in der Branche tätig, und damals waren die Tätowierungen meiner Generation aus altmodischen Tattoo-Kulturen, wie die Tattoo-Kultur im japanischen Stil und andere klassische Stile. Jetzt aber entwickelt sich die internationale Tattoo-Industrie und auch die Tattoo-Szene in China sehr schnell. Es gibt alle möglichen Trends in Bezug auf Stil, was die Tattoo-Szene, die ich vorher kannte, in einen multikulturelleren Stil umwandelt. Vor dem Hintergrund der rasanten wirtschaftlichen Entwicklung wird heutzutage die Existenz der chinesischen Kultur immer wichtiger. Erstens ermöglicht es den Tattoo-Kunden und meinen Studenten, das Tätowieren kennenzulernen bzw. zu erlernen und gleichzeitig die chinesische Kultur dahinter zu entdecken. Dabei hat die Möglichkeit, die chinesische Kultur zu vermitteln, für mich den höchsten Stellenwert. Zweitens ermöglicht es mehr Tattoo-Liebhabern aus fremden Kulturen, die chinesische Kultur zu verstehen.

Tatsächlich hat die chinesische Kultur bereits in der Tang- und Song-Dynastie das höchste Niveau der freihändigen Pinselführung erreicht, die keiner Kunstform der Welt nachsteht.

Als Tätowierer ist es großartig zu sehen, dass meine Arbeit von Menschen auf der ganzen Welt geschätzt wird, und es ist äußerst bedeutsam, die ultimative Mutterlandkultur hinter all diesen Tattoo-Arbeiten zu teilen. Durch meine Arbeiten und die Verbreitung der chinesischen Tätowier-Kunst, entscheiden sich immer mehr Ausländer für Tätowierung in diesem Stil und immer mehr Tätowierer entscheiden sich gezielt dafür, den chinesischen Kunststil zu erlernen. Eine bedeutungsvolle Sache, die ich als Ergebnis all dieser jahrelangen Bemühungen sehe.

CROW: So wie ich Dich kenne, hast Du bestimmt schon wieder Pläne für das eine oder andere neue Projekt. Stimmts?

WS: Ja, allerdings! Ich plane gerade ein Tattoo-Museum. Ein einfacher weißer Raum mit einem simplen Tattoo-Arbeitstisch, auch in weiß, und diese tätowierten Arme, in großen Glasvitrinen mitten im Raum, sonst nichts.
Ich arbeite auch noch an anderen body-parts. Alles für das neue Museum.

CROW: Wie behältst Du angesichts des rasanten Tempos der wirtschaftlichen und technologischen Entwicklung im Land und der damit verbundenen multimedialen Informationsplattformen den Überblick und den Fokus auf Deine eigenen Visionen?

WS: Ich begann meine Karriere mit dem Erlernen einer Vielzahl von Tattoo-Stilen wie der japanischen, der europäischen, dann Skizzenstile und so weiter. Aber ich fand meinen wichtigsten Ansatz in der Entdeckung der chinesischen Tattoo-Ästhetik. Nachdem ich einen bestimmten Punkt gefunden hatte, an dem man all seine Anstrengungen einsetzen konnte und je tiefer ich in die Essenz der Kultur eintauchte, desto sicherer wurde ich mir. Ich wurde mir immer sicherer, was ich will und was nicht. Und als ich diesen Punkt erreicht hatte, gab es kein Zögern mehr über meine bevorstehenden Entscheidungen. Darüber hinaus bin ich mit meinen Lebenserfahrungen auch sicherer geworden, wie ich meine Zeit verbringen möchte, bzw. mit wem und was ich keine Zeit verbringen möchte. All das hat mich dazu gebracht, mich noch mehr auf meine Tattoo-Kunst zu konzentrieren.

Die Welt ist so vielfältig. Nimm die Tattoo-Industrie. Neben dem Tätowieren gibt es eine Menge anderer Dinge zu erledigen. Dienstleistungen, Werbung usw. So kann man aber schnell das ursprüngliche Ziel, das des Tätowierens, aus den Augen verlieren. Ich bin da gefestigter, eben auf Grund meiner Lebenserfahrung.

CROW: Du hast mir mal erzählt, dass Du mitunter viel Zeit brauchtest für Marketing und Kundenservice. Später stelltest Du aber fest, dass das alles zu weit ging und hast beschlossen, zum Ursprung zurückzukehren.

WS: Ja, denn wenn Du bereits viele Dinge erledigt hast und dann entschlossen bist, zur Reinheit zurückzukehren, kannst Du unwesentliche Dinge ohne Gnade wegwerfen und nur den Kern behalten.

Ich denke wirklich, dass das Tattoo selbst sehr rein sein sollte, das heißt, ein Tätowierer sollte sich immer fragen: Ich bin Tätowierer, und wozu bin ich hier?

Vom Standpunkt des Lernens aus gesehen, versucht jeder zunächst, so viel wie möglich aufzunehmen, bis wir ein gewisses Maß an Anerkennung haben.

Wir wissen, was wir wollen und was wir nicht wollen, also sollten wir einfach maximieren, was wir wirklich wollen, und minimieren, was für uns nicht wichtig ist. Natürlich ist es auf jeden Fall großartig, alle Arten des Tätowierens zu kennen, um mehr zu wissen und zu beherrschen. Und das ist der Nährstoff für einen guten Tätowierer. Aber was wir wissen müssen, was der Fokus ist, ist für mich das Tattoo im chinesischen Stil. Fazit: Ich bin seit 20 Jahren Tätowierer.
Und ich liebe diese Kunst so sehr, dass ich es wirklich gut machen möchte. Alles, was ich anderen präsentieren möchte, ist, dass ich ein Tätowierer bin, dass das Tätowieren rein ist und dass meine Tattoos das auch aussagen.

CROW: Was war der Antrieb, ein Museum zu bauen?

WS: Erstens bin ich ein Künstler, der die Tattoo-Kunst liebt. Darin habe ich mich vom Lehrling zum Meister der chinesischen Tätowierkunst entwickelt. Zweitens bin ich erwachsen geworden. Auf dem Weg dorthin habe ich mir einen Ruf erarbeitet und die Wertschätzung vieler Tattoo-Liebhaber gewonnen. Aus einer gewissen Perspektive der Gesellschaft, habe ich also einiges erreicht. Ich traf zufällig einige lokale Handwerker und lokale Künstler und stellte fest, dass viele von ihnen in unbefriedigenden Lebensbedingungen lebten, was es teilweise unmöglich machte, ihre Kunst und die dahinterstehende Kultur in der Gesellschaft am Leben zu erhalten. Einige von ihnen können kaum mit ihrer Handwerkskunst überleben. Ich war traurig zu sehen, wie diese Künste und das kulturelle Erbe langsam starben. Als Tätowierer bin ich auch Handwerker und hatte das Glück, mit Unterstützung meiner Familie mehr zu tun.

Mir wurde klar, dass dies der Moment ist, in dem ich etwas zur Gesellschaft beitragen kann: Ich habe genug Mittel und Fähigkeiten, etwas zu tun, also sollte ich es tun. Einerseits habe ich mich schon immer für Architektur und Innenarchitektur interessiert, also habe ich in diesem Jahr Tage und Nächte damit verbracht, das Museum zu planen und zu bauen. Auf der anderen Seite ist das Museum, das ich gebaut habe, eine sinnvolle Plattform, um exquisite Kunstwerke mit kulturellen Geschichten dahinter zu präsentieren.

Als Handwerker und Künstler helfe ich gerne, Kunst zu fördern und Kultur zu erhalten. Als Individuum in meinem Land ist es mir eine Ehre, dazu beizutragen, das kulturelle Erbe zu verbreiten, zu bewahren und zu sehen, dass immer mehr Menschen unsere Kunst und Kultur kennenlernen, damit die wertvolle lokale Handwerkskultur erhalten und auf sinnvollere Weise weitergeführt werden kann. Es gibt einen Satz, der das Ganze gut beschreiben könnte: Mit Kunst können wir etwas zum Leben erwecken.

Dies ist auch das Motto, das an der Wand des Wu Shang-Museums steht.

Es ist besser der Kopf vom Huhn zu sein, als der Schwanz des Phönix.

– Chinesisches Sprichwort

PENG YOU (FREUND) – Acrylfarbe, Pen auf Acrylpapier, 36 x 48cm, © CROW

Dort habe ich erkannt, dass ich selbst der Meister bin und immer war.

– Rainer Langhans

RAINER LANGHANS
SIMPLE LIFE AND HIGH THINKING

Foto © CROW mit '68er Praktica Kamera aus der ehemaligen DDR

DER REVOLUTIONÄR

Rainer Langhans war Mitbegründer und revolutionärer Anführer der Studentenbewegung der 60er Jahre, die in der Nachkriegszeit aufstand, um die, vom noch nicht aufgearbeiteten Nationalsozialismus, verkrusteten Strukturen in Deutschland aufzubrechen.

Langhans` Credo war und ist die Gewaltlosigkeit. Alles sollte und soll mit Liebe getan werden, um den Krieg in den Herzen der Menschen durch Licht zu erfüllen und so Frieden zu schaffen und zu erhalten. Er schlug bewusst und konsequent nicht den Weg des radikalen Kampfes und Terrors ein. Natürlich warnt er heute vor der aktuellen Remilitarisierung. Waffen besitzen = Waffen benutzen. Stattdessen „Frieden schaffen ohne Waffen" war einer der Slogans der 68er und heute, seit 2022, wieder aktueller denn je. Leider sind die damals gewonnene Freiheitlichkeit und der Frieden heute bedroht, wo auch die Gesellschaft sich mit Hate-Speech und Gewalt gegeneinander äußert, statt miteinander einen Dialog zu führen.

Langhans geht noch weiter: Wir müssen aufhören, immer mehr Materie herzustellen und uns selbst zu sabotieren und die Natur zu zerstören. Raus aus der hamsterhaften Anhäufung von Dingen, die nur abhängig machen, vom wahren Sein ablenken, und die nur und unweigerlich zu Werkzeugen der Macht und Unterdrückung werden. Zu verzichten und bewusst zu Scheitern sind Schlüssel in seinem Denken.

EINE BEGEGNUNG

Schon seit Langem wollte ich Ihn treffen. Nun war es so weit. Meine Kuratorin Susanne Matz, die den Kontakt hergestellt hat, und ich stehen hier am Obelisken im Münchner Luitpoldpark und in der Ferne taucht eine weiße Gestalt zwischen den Bäumen auf. Die Hände auf dem Rücken wie ein Spaziergänger, und das volle weiße Haar weht offen im Wind.

Mit Sonnenbrille, braungebrannt, aufrechter Haltung und mit einem zufriedenen Lächeln in seinem offenen Gesicht steht er nun vor mir. Rainer Langhans. Die Ikone der 68er Bewegung in Deutschland. Buchautor, Schauspieler, Denker und Rebell.

Hallo, was wollt ihr machen? Wo sollen wir hingehen? fragt er ruhig. Hallo Rainer, sage ich ziemlich aufgeregt, Lass uns doch irgendwo da drüben auf einer Bank in der Sonne sitzen und reden.

Wortlos läuft er in Richtung Parkbank, die etwa 300 Meter weiter weg unter einem großen Baum steht. Dabei fällt mir der Tischtennisschläger in seiner Hand auf. Ich spreche ihn darauf an und er antwortet mit einem Lächeln, dass er hier im Park mehrmals in der Woche mit Bekannten Tischtennis spiele.

Wow, denke ich bei mir, denn der Mann ist in diesem Jahr 80 Jahre alt geworden.

Wir setzen uns auf die Bank, ich bereite mein Aufnahmegerät und meine Kamera vor und mit einer merklichen Nervosität stelle ich mich ihm kurz vor. Dann drücke ich die Aufnahmetaste, um unser Gespräch aufzuzeichnen. Rainer setzt seine Sonnenbrille ab, schließt die Augen und wartet auf meine erste und wie sich später zeigen wird, auch eigentlich einzige Frage.

Foto © Susanne Matz

EIN GESPRÄCH

CROW: Rainer, Du bist gerade 80 Jahre alt geworden und meine Frage an Dich ist deshalb: Was, glaubst Du, wird mit uns in den nächsten 80 Jahren passieren?

RAINER: Naja, ich würde eigentlich sagen: Was passiert gerade mit uns? Die Zukunft wird sich daraus ergeben, was wir jetzt grade tun.

Das ist die Frage, die mich beschäftigt. Wie Du vielleicht weißt, habe ich vor Kurzem diese aggressive Krebsdiagnose bekommen und damit ist die Frage auch noch mal gestellt. Krebs zu dieser Corona-Pandemie. Das hat mich natürlich schon noch mal beschäftigt, warum ich überhaupt Krebs kriege, nachdem ich der Auffassung war, dass das, was Corona von uns will, ich schon von Kind an tue. Also den ‚Lockdown' zu versuchen, vom Äußeren ins Innere zu gehen. Und wieso brauch ich jetzt noch mal Krebs dafür? Ich brauche ja auch nicht mal Corona, denn wie gesagt, all das tue ich … und, das erforsche ich eigentlich gerade und das bringt mich natürlich auch dazu zu sagen: Was ist Corona? Weil, das ist ja die leichtere Variante, würde ich sagen, dieses Erforschen des Jenseits. Und dieser Krebs verbindet mich jetzt noch mal auf eine merkwürdige Weise mit diesen Corona-Leuten, von denen ich ansonsten dachte: OK, macht mal schön, und das ist auch ganz toll, aber das brauch` ich nicht. Doch das schien wohl nicht auszureichen. Jedenfalls hab ich jetzt, mit diesem Todesurteil, wenn man so will, zu tun, also mit einem baldigen. Das hat mich aber nicht erschreckt, nur erstaunt. Denn, sterben, klar, das ist sowieso schon mein Thema seit nun fast 50 Jahren. Aber, dass ich mich so wenig oder so wenig zulänglich damit beschäftigt habe, dass ich per Krebs noch mal eine Unterstützung erfahren soll, das hat mich gewundert und wundert mich bis heute. Ich erforsche noch immer die Notwendigkeit dieses Krebses in meinem Leben. Ein ‚Work in Progress' kann man sagen und das lässt mich natürlich auch projizieren auf den Coronavorgang, den wir jetzt hier angeblich erleben. Nun ja, ich bin natürlich inzwischen, auch zu meinem Erstaunen, eigentlich ziemlich euphorisch darüber. Also ich dachte, OK, das ist gut usw., aber dass es mich so euphorisiert, das hätte ich nicht so gedacht. Auch das sind für mich alles Erfahrungen, die ich jetzt grade mache.

CROW: Inwieweit euphorisiert?

RAINER: Naja, weil ich mich ja auf einem östlichen Weg befinde und diesen Krebs, den die Körperspezialisten, also die Ärzte, bei mir diagnostizieren, als eine Erscheinungsform meines Meisters sehe. Darüber bin ich natürlich erst mal begeistert. Und dieses Gefühl, dass ich der Körper sei, der stirbt, also, der jetzt einen aggressiven Krebs hat, hatte ich eben von Anfang an nicht und deswegen war ich auch nicht entsetzt darüber oder sonst was, sondern es war mir sofort klar, das ist erstaunlicherweise eben tatsächlich mein Meister, der auf diese Weise auf mich zukommt und mit mir einen engeren Kontakt aufnimmt.

Das, was ich immer wollte und was mir immer sehr schwer viel. Jetzt erforsche ich diesen Kontakt oder dieses Gespräch, wenn man es so nennen will.

Wir haben ja für all diese Erfahrungen keine Worte hier in unserer Kultur, die das alles nicht kennt. Die diese Erfahrungen absolut nicht kennt, selbst wenn sie ein bisschen drüber redet oder sich christlich gebärdet oder so, weiß sie nichts von diesen Dingen, und es gibt entsprechend auch keine Sprache dafür. Deswegen muss ich mich natürlich im Wesentlichen des Narrativs oder der Sprache und auch der Begriffe der indischen Leute bedienen, um überhaupt was dazu sagen zu können. Und das tue ich auch, habe aber übrigens dabei festgestellt, dass ich diese indische Bilderwelt oder diese indischen Schritte ein Stück weit nicht einfach nachvollziehen kann.

Ich kann das nicht so sehen wie er, der Meister, wie das vor allem die indischen Schüler tun. Wenn man nach Innen geht, was man da dann erfährt und sieht. Ich muss mich da trotz meines nicht so stark ausgeprägten Falles als Asperger Autist durch diesen ganzen westlichen Wust, Faschismus, Kapitalismus usw. durchwurschteln und durcharbeiten, bis ich eben vielleicht auch dann irgendwann zu diesen Bildern gelange. Das weiß ich alles nicht so genau. Wie gesagt, ich erkunde, erforsche das grade. Ich erforsche mich gerade, so gut es geht. Da bin ich gerade mittendrin und kann jetzt nur eine Statusmeldung abgeben. Sozusagen: dort und dort bin ich jetzt und Weiteres wird geschehen, da bin ich sicher, weil das alles die ganze Zeit sehr intensiv in mir ist.

Naja, und da könnte ich jetzt die Statusmeldung für Dich ausbauen, wenn Du bestimmte Fragen hast. Also ich bin keiner der draußen kämpft. Das hab' ich lange hinter mir gelassen, weil das für mich eine Illusion ist, die wir damals schon '68 begriffen hatten, obwohl meine Leute danach dann alle Terroristen geworden sind.

KAMPF IST ES NIE, ES IST LIEBE!

Und das ist es eben, was einem schwerfallen muss in einer Welt, die so überaus kriegerisch brutal ist, dass sie jetzt sogar erkennt, dass sie damit sich selbst umbringt, siehe die Klimafrage, und dass sie nicht etwa immer nur andere Leute umgebracht oder gequält hat, also Krieg geführt hat.

Deswegen kommt mir dieser Lockdown, der jetzt viele Menschen erreicht, eigentlich alle, letztlich irgendwie sehr sinnvoll vor, weil es uns erst mal davon befreit, ständig in dieser kriegerischen Weise aufeinander loszugehen. Anders können wir nicht kommunizieren. Also auf Deutsch: Wir haben eigentlich keine Ahnung von Liebe. Wir haben keine Ahnung von Kommunikation.

Nun hat uns das Internet da einiges gezeigt. Nachdem viele Versuche ja schon vorher gestartet worden waren. Vorher gab's Frauenbewegungen, Schwulenbewegungen usw., um diese '68 irgendwie wieder als Erfahrung aufzutun. Jetzt gibt's die Klimabewegung, die Jungen da mit ihren „Fridays for Future" und alle die verfehlen eben tatsächlich die wirkliche Veränderung. Wenn man so will, sind es ja alles irgendwie Revolutionen gewesen, wie auch unsere es war. Und die alle verfehlen das, worum es eigentlich geht, nämlich dass wir uns innen verändern. Und das haben wir damals in der Kommune tatsächlich schon verstanden und auch ein Stück weit praktizieren können. Also das, was wir gesehen haben nach außen zu wenden. Liebe als Kommunikation. Das Narrativ von '68, dass immer nur entweder politische Revolution oder Sex, Drugs and Rock`n Roll ist, steckt allen in den Knochen, sie wissen es nur nicht.

Und diese Entwicklung habe natürlich auch ich erst verstehen können durch die Ost-Leute, also durch die indischen Meister, in diesem Fall, weil Du das sonst einfach nicht verstehen kannst.

Was war denn '68? Wir haben das damals ja überhaupt nicht rausgefunden. Wir waren plötzlich verrückt und wussten nicht, woher das kam, was es ist und was es mit uns macht und was wir auch damit dann anfangen können. Völlig außerstande. Wir haben hilflos da rumgestottert und dann irgendwelche komischen Aktionen gemacht. Die klassischen, die wir heute kennen. Es war zum Teil eine Kulturrevolution, um den Begriff der Mao-Zeit zu verwenden, zum Teil eine linke Revolution. Ein antikapitalistischer Versuch, aus diesem schrecklichen Krieg, der im letzten Jahrhundert die Formen des Kapitalismus im Wesentlichen angenommen hat, herauszukommen. Wir hatten erkannt, dass das alles eigentlich nicht unsere Welt ist. Das wir darin gar nicht Menschen sein können.

Im Gegensatz zu den Anderen haben wir damals mit der Kommune einen Weg nach innen gesucht und ein Stück weit gefunden. Und wir sind natürlich zunächst erst mal diesem normalen Faschisten begegnet, den wir ja alle in uns haben. Mördergrube, nennt sich das. Weil wir nicht mehr dieses Tabu der Privatsphäre aufrechterhalten haben, denn wir wussten, aus ihr kommen alle Kriege und nicht aus äußeren Bedingungen. So à la Marx: Die Geschichte ist eine Geschichte der Klassenkämpfe usw. Daher kommt's eben nicht, sondern woher kommt denn dieses merkwürdige Ding, dass die Geschichte immer eine Geschichte des Krieges unter uns Menschen ist?

Da haben wir dann eben reingeschaut, haben das auch gesehen und waren zum Glück mit Hilfe dieser merkwürdigen, wie ich heute sagen würde, spirituellen Intervention, die uns damals angetan wurde, völlig überwältigt und ratlos. Die haben wir dann tatsächlich auch dazu benutzen können, um diesen Faschisten, der wir zunächst mal sind, noch mal zu erleben. Wir erleben das ja heute auch mit dem Internet, mit den ganzen Shit Storms usw., noch mal. Auch mit den Rechten, die jetzt immer stärker werden.

Wir haben dahinter schauen können und sahen dahinter, alles ist gut und alles ist in Ordnung. Dann war das aber nur ein Jahr und so rätselhaft, wie wir da reinversetzt wurden und so hilflos wie wir uns darin fühlten, so schrecklich rätselhaft war es, als uns dieser hohe Geist nach circa einem Jahr wieder verließ. Da war klar, es würde nix werden aus dieser Welt, die so zeitlos erschien. Wenn Du in solch einer Geschichte bist, dann gibt`s keine Zeit mehr. Es gibt nur noch das große „JA" und selbst das ist keine Emotion, sondern nur eine Gewissheit. Tja, da fielen wir dann alle wieder raus und jeder natürlich in seinen alten, trostlosen Kriegskörper zurück. Und dann haben meine Leute alle den sogenannten Terrorismus gemacht. Nach dem Motto: Wir haben ein Recht auf Notwehr. Wir dürfen uns wehren dagegen. Krieg nicht, aber wir dürfen uns wehren. Notwehr ist doch erlaubt, wenn uns diese bösen Menschen, also unsere Eltern, die das alles entsetzlich fanden, uns das wieder wegnehmen wollen.

Naja, und dabei sind die dann fast alle umgekommen. Wie immer: Wenn Du das Schwert erhebst, wirst Du durch das Schwert umkommen.

ICH NICHT!

Weil mir, und ja das ist jetzt die Frage, die ich natürlich auch stellen muss, weil es mir als ziemlich einzigem von diesen aktiveren Leuten gelang, herauszufinden: erstens, was das war und zweitens, was geschieht danach?

Wenn Du einmal im Paradies warst, dann siehst Du, was die Normalität für eine Hölle ist. Vorher weißt Du das gar nicht, denn Du hast gar keine Folie, auf der Du das werten oder bemessen könntest. Aber jetzt hatten wir einen Vergleich und dieser Vergleich war geradezu grotesk. Wie unglaublich übel diese Welt hier ist, wenn Du einmal siehst, was wir wirklich sind. Ich habe dann damals versucht, wieder irgendwie dahin zurückzukommen.

Was macht man dann? Wenn Du jetzt einmal in einer Hochekstase oder Erleuchtung oder wie man das immer nennen will, warst. Dann überlegst Du natürlich, wie kann ich das gelegentlich wieder herstellen, wenn es sich jetzt erst mal entzieht. Wenn wir da rausfliegen, rausfallen. Was macht man dann? Wir, die wieder in ihren alten trostlosen Körpern oder Körperbewusstsein festsaßen. Du überlegst dann, was gibt es an Ekstase-Techniken, die dieses Bewusstsein wenigstens gelegentlich kennt.

Na gut, und das war dann einfach etwas, was unsere Vorderen schon kannten. Das, was sie wussten, haben wir dann natürlich ausprobiert. Das mussten wir ausprobieren, weil wir ja unbedingt dahin wollten. Das war zum einen natürlich dieses sogenannte Links- sein, also der Versuch, die Welt materiell zu verändern und zu verbessern. Auf Deutsch, zu revolutionieren.

Das andere waren dann die mehr inneren Sachen, die weicheren Methoden oder Ekstase-Techniken. Und das hieß früher eben Wein, Weib und Gesang. Man kann auch sagen Kultur und irgendwelche Drogen. Als Drittes dann eben Rock`n Roll und Sexualität. Klar.

Und das hab' ich alles schön abgeklappert. Ich hab' das alles probiert. Mit der Revolution, wusste ich, das wird nix, denn das wurde nie was. Und Rudi Dutschke kam immer an und sagte: Ja, wir müssen mal Revolution machen! Was sollen wir denn sonst machen? Da habe ich gesagt: Nein, Mensch, Du kommst doch grade als ‚Abhauer' aus dieser fehlgeschlagenen Oktoberrevolution, also aus dem sogenannten Sozialismus. Du bist aus dem Osten hier rüber geflüchtet, weil das dort nix wurde. Jetzt willst Du das noch mal hier probieren?

Das haben wir als Kommune schon gesehen und haben mit ihm auch drüber geredet. Er gehörte aber anfangs zu den Gruppen, die sagten: Wir können das jetzt tun. In einer Situation, wo offensichtlich irgendwas ganz wesentliches uns beflügelt, darüber nachzudenken: Wie können wir Subjekte der Geschichte werden und nicht bloß immer Objekte? So nannte er das. Und, ja, daraufhin haben wir gleich zu ihm gesagt: Das wird nix, Rudi. Du müsstest das, was wir uns grade jetzt ausdenken, mitmachen. Und das war dann eben damals diese Kommune-Idee.

Die Kommune-Idee, die beinhaltete, alles zu teilen und alles mitzuteilen: ‚Alles teilen, alles mitteilen'. Ein Grundsatz, der dann vom Internet übernommen worden ist.

‚Das Private ist politisch', ‚Make Love, Not War' oder ‚Love and Peace' und dieses Zeug da aus Amerika. Die Hippiegeschichte eben. Wir haben dann zu uns gesagt, wir wollen eine neue Gemeinschaftsform bilden, denn die Kleinfamilie hat diese ganzen ewigen Mördereien hervorgebracht, nicht wahr, die ganzen Mörder oder das Patriarchat oder wie immer man das nennen will und wie das bis heute genannt wird. Das konnten wir auf keinen Fall noch mal aufnehmen. Wir können das Erbe unserer Eltern nicht übernehmen, weil das wirklich zu Schrecklichem geführt hat und das wäre furchtbar, wenn wir das jetzt noch mal machen würden. Inklusive eben dieser Revolution oder auch dann dieser anderen Ekstase-Techniken, dieser weicheren und nach innen gerichteten Kultur.

Und Wein, Weib und Gesang wurde dann bei uns eben Sex, Drugs und Rock`n Roll. Das hab' ich alles ausprobiert, sehr intensiv. Mit Uschi Obermaier die sexuelle Revolution ausgerufen. Dann demonstriert und so weiter und wir haben auch Musik gemacht. Wir waren sehr befreundet mit der ersten Musik-Kommune in Deutschland.

Wir haben aber erkannt, dass es in Deutschland, wie Adorno es ausdrückte, nach Auschwitz kein Gedicht mehr geben wird. Also, dass es so nicht sein kann.

Die Amerikaner und Briten und viele andere haben im Wesentlichen nur schöne Kunst aus diesen Erfahrungen abgeleitet und uns damit beglückt. Bis heute. Diese schöne Musik und diese schönen Bilder, die sie geschaffen haben. Inklusive ihrer Selbst, Woodstock usw., das alles war, wie ich ziemlich bald feststellte, auch die stärkste Erfahrung, die man damit machen konnte. Das waren in diesem Fall LSD-Erfahrungen. Die führten aber alle eindeutig nicht zu der wesentlichen Erfahrung zurück. Das habe ich begriffen, und deswegen hab ich sie auch irgendwann aufgegeben.

Da saß ich also auch wie alle und hatte eigentlich mit dem Leben abgeschlossen. Denn wenn Du, wie gesagt, so 'ne spirituelle Freiheitserfahrung gemacht hast, kannst Du nicht mehr hier leben. In der Bibel nennt sich das: Wer einmal das Antlitz Gottes gesehen hat, ist tot, und kann nicht mehr leben hier in dieser Welt. Und das haben wir da buchstäblich wirklich erfahren. Ich hab mich dann nicht von Polizisten erschießen lassen, wie das viele andere getan haben und bin nicht auf Trip irgendwo weg geblieben, sondern ich wurde krank. Ich bekam irgendeine komische Krankheit, die die Ärzte aber auch nicht diagnostizieren konnten. Eine Art Schwindsucht. Also ich verschwand einfach. Ich wurde immer dünner, ich konnte nicht mehr sitzen, die Knochen stachen so raus. Ich wusste nicht, woran das lag, hatte auch keine entsprechende Krankheitsvorgeschichte. Naja, gut, dachte ich, auch OK, geht nicht mehr, dann geh ich jetzt eben, wenn das hier nicht mehr zu haben ist.

In DEM Augenblick, als ich wirklich schon auf der Schippe stand, fertig zum Absprung, da fiel mir damals ein Buch in die Hände. Und dieses Buch berichtete in einer für mich unendlich augenöffnenden Weise, was hier eigentlich los ist (Rainer lacht) und immer los war. Und das hieß für mich: Ich verstand, was '68 war und ich verstand, und das war das noch Wichtigere, wie man wieder dahin kommen kann. Durch Spiritualität mit einem wirklich kompetenten Meister. Es gibt ja viele Meister. Es gibt vor allem auch viele tote Meister. Hier ging es aber darum, dass es einen lebenden Meister gibt, der mir heute konkrete Führung und Anleitung geben kann, um wirklich zu mir selbst zu kommen, nach innen fortzuschreiten und dabei schließlich den Körper auch endgültig zu verlassen. Also, der mir gezeigt hat, wie man richtig stirbt.

Und deswegen ist diese Erfahrung, die ich zu machen versuche, die mir auch sehr schwerfällt oder eigentlich nicht gelingt bisher, das Sterben zu üben. Ich scheitere auch damit immer wieder. Sterben zu üben… Sterben zu üben… Sterben zu üben. Das geschieht jetzt eben auch noch mal durch die Krebsdiagnose und in gewisser Weise durch dieses Corona-Ding. Denn das ist ja auch eine große Sterbensübung, was den Leuten gegen ihren Willen angetan wird, denn der totale Kontrollverlust ist ja eigentlich das Sterben. Wir wollen das nur nicht so nennen, weil wir uns ja vor dem Sterben fürchten. Weil wir keine Ahnung haben, was das ist. Wohin das führen kann, wenn es überhaupt noch irgendwohin führt.

Diese Geschichte ist eben dadurch jetzt noch mal verstärkt worden. Ich mach das nun schon seit fast 50 Jahren, dieses Sterben üben und tue mich aber, wie gesagt, sehr schwer damit. Ich bin deswegen entsprechend beglückt, wenn mir nun über dieses Erscheinen des Meisters in der Gestalt des sogenannten Krebses eben noch mal ein richtiger Schupps verpasst wird. (Rainer lacht) Denn den brauch' ich wohl.

Ich sehe das so: projektiv ist es ja immer so, wie Du die Welt siehst. Und das liegt immer an Deinen Erfahrungen. Was Du für Erfahrungen gemacht hast, wirst Du in die Welt projizieren. Wenn Du also noch nie was von Spiritualität erfahren hast, wird jemand, der damit kommt, natürlich als Idiot erscheinen, als Spinner, wie ich ja auch den meisten Leuten wohl erscheine. Oder als verrückt, was ich ja auch tatsächlich bin, denn ich bin wirklich nicht mehr sehr im Hier. Ich versuche das Hier sehr runterzufahren und nur noch auf einem guten Level zu betreiben. Mein Meister nennt das dann: Simple Life and High Thinking.

Ich würde es anders sagen: Einfaches Leben und nach innen gehen. Dadurch, wenn Du zu viel draußen bist und machst, in diesem Lockdown konnte man das ja gut sehen, dann führt keiner Deiner Wege nach innen.

Das geht überhaupt nicht. Der Reiche kommt nicht ins Himmelreich, nennt das die Bibel.

Diese Geschichte lebe ich jetzt schon sehr lange und trotzdem habe ich da noch keine indischen Fortschritte gemacht; ich bin noch nicht in diesen indischen inneren Bildern und Schritten.

Wie Du die Welt siehst, liegt immer an Deinen Erfahrungen. Was Du für Erfahrungen gemacht hast, wirst Du in die Welt projizieren.

Ich muss also hier noch durch diese äußeren Dinge hindurch, und ich würde eben sagen Krebs ist auch ein materialistisches Tool, also eine Sache, die hier vor allem existiert. Das gibt's, glaub` ich in Indien weniger; aber jetzt mit der Verwestlichung in Indien auch. Und ich hab den Krebs deswegen von dem Meister bekommen, damit ich mir dessen noch bewusster werde, dass ich fortschreite Richtung Raus. Raus aus diesem brennenden Haus, aus diesem schrecklichen Körper, wenn man so will, und, ja, das euphorisiert mich.

Und zwar auch in Bezug auf Euch, die ihr jetzt natürlich alle schreit: Uh, um Gottes Willen, was ist Corona. Das gibt es doch gar nicht. Das stimmt doch gar nicht. Oder, ich habe Angst und muss mich impfen lassen usw. …Und ich sehe das und würde zu Euch genau das gleiche sagen, was ich mit mir gerade ausmache: Corona ist ein großer Segen; ‚a blessing in disguise'.

Das ist jetzt das große Bewusstseinsereignis, das die ganze Welt ganz schön durchrüttelt. Das solltet ihr als den Segen wahrnehmen und zu dem entschlüsseln, was es in Wirklichkeit ist: Eine höhere Intelligenz. Höher als unsere normale materielle Intelligenz, die uns Möglichkeiten gibt, in dieser Welt zu leben.

Die Aufklärung hat da total versagt, denn wir haben nun wirklich gezeigt, dass wir mit unserer normalen Intelligenz in dieser Welt nicht nur schlecht leben können, sondern uns sogar damit umbringen.

Man könnte sagen: Na gut, dann bringen wir halt 'n paar Leute um usw., Kapitalismus macht das halt. Aber ein paar Leuten geht's doch ganz gut dabei, oder? Den wenigen Reichen, es werden ja immer weniger, aber dafür immer mehr arme Schweine.

Da würde ich übrigens zu den Verschwörungstheoretikern sagen: Ihr habt recht, wenn ihr sagt, die bisherige Erzählung ist Scheiße, so können wir nicht weiter machen. Also, wie wir bisher leben: Dieses ewige Krieg führen, dieses ewige lieblose miteinander umgehen und dann auch noch die Natur kaputt machen, sodass wir uns selber damit kaputt machen. Das können wir so nicht weiter machen. Da habt ihr völlig recht, wenn Ihr jetzt sagt: weg mit diesem aufgeklärten Kram, wag damit, wir müssen aufhören.

Gut, jetzt müssen wir ja also durch diesen ganzen Bewusstseinswust durch. Unsere historische Erfahrung sagt uns, wenn einer aus dieser normalen Welt raus will, dann wird es einen großen Faschismus geben. Deswegen auf keinen Fall!

Ich hab das damals so ausgedrückt und bin dafür natürlich auch gekreuzigt worden, also ziemlich dafür zum Schweigen gebracht worden.

Ich habe gesagt: „Spiritualität in Deutschland heißt zunächst einmal, durch das Böse, also durch den Faschismus durchgehen – oder eben durch eine Pandemie." Da sind wir immer noch nicht so weit, dass wir das zu verstehen beginnen. Und deswegen gibt es und muss es geben, eine Hilfestellung aus unserem Unbewusstsein. Woher kommt denn eine Krankheit? Sie kommt aus unserem Unbewussten. Unser Bewusstsein hat irgendwo versagt, hat vieles falsch gemacht. Und deswegen muss aus unserem Unbewussten eine Hilfestellung kommen, die wir dann aber nicht etwa dankbar annehmen. Nein, dafür sind wir zu uneinsichtig, zu dumm, im Grunde genommen. Da muss erst einer oder etwas kommen und sagen: Du musst Dein Leben verändern. Wenn Du das nicht tust, wirst Du sterben. Aber, wenn Du`s tust, dann wirst Du verändert – man nennt das dann geheilt – weiterleben können. Das passiert jetzt pandemisch, also global. Und da wäre es klüger, wenn man auch die Erfahrungen aus den normalen Krankheiten heranziehen würde. Also aus den schweren Krankheiten, die jeder individuell vielleicht erlebt hat oder erlebt. Inklusive dieser ganzen Krebserkrankungen, die zum Tod führen, und man dann eben guckt, was die mit uns machen.

NEIN! Totaler Kontrollverlust. Dann bin ich tot. Dann gibt's gar nix mehr…, das werden wir nicht tun. Unser normales Bewusstsein will nicht sterben. Es ist dafür angestellt, unser jegliches Sterben so lange wie möglich hinauszuzögern. Man empfindet zu sterben als das Allerschrecklichste. Und deswegen wollen wir nichts davon wissen. Wir können aber gar nichts dagegen tun. So viel wissen wir.

Dass das alles nicht stimmt und dass das alles ganz anders ist, das hat mir diese östliche Erfahrung so ein wenig zeigen können. Und das heißt jetzt für Corona: Seid dankbar für den Segen, der Euch hier erteilt und ermöglicht wird und guckt mal, was das eigentlich von Euch will.

Das ist doch alles wunderbar. Mit anderen Worten, wie bei einer normalen Krankheit auch. Totaler Lockdown. Du kannst draußen nichts mehr tun, das war ja vorher alles falsch, was Du getan hast, und das verdichtet sich dann schließlich in dieser Krankheit. Nun geh mal nach innen. Die Leute liegen im Bett und können nicht mehr absagen und sollten mal schauen, was da innen los ist, wie Du anders sein kannst als dieser alte, immer kränker werdende, trostlose ‚Vormensch'. Und dann wirst Du was sehen. Und, wie wir ja wissen, ist es auch so, wenn die Leute tatsächlich wieder gesund werden, dass die dann wirklich etwas erlebt haben, was sie mehr oder weniger ihr Leben verändern lässt, verändert weiterleben lässt. Und das ist das, was jetzt hier pandemisch passiert. Wunderbar. Wir haben es verdammt nötig.

Wir stehen gerade in dieser Situation, wo die Jungen uns anschreien: Hört endlich auf mit dem ganzen Zeug und macht irgendwie was anders, weil sonst sind wir doch morgen tot. Unsere Zukunft ist weg usw. … und dann? Wir haben das allerdings auch nicht begriffen, leider. Darum sind sie auch von Corona abgeräumt worden. Die Leute haben nicht verstanden, dass es hier um einen Austritt aus der Welt geht, sondern wir haben geglaubt, die Wissenschaft würde uns noch mal das Leben hier drin in der verbesserten, nachhaltigeren Weise ermöglichen. Damit liegen wir falsch und darum kommt Corona und schmeißt uns weg. Denn schon diese veraltete und erfolglose Form von Demonstrationen, also von Körpern, die jetzt mal freundlicher miteinander umgehen und gegen die ganzen unfreundlichen Gewalttäter vorgehen, hat schon damals nicht geklappt und klappt natürlich auch heute nicht.

Denn letztlich ist doch Corona auch eine Klimafrage. Es kommt doch aus dem schlechten Klima, also aus der Art, wie wir mit der Natur umgehen.

Aber das ist schon zu esoterisch für die ganzen rationalen Leute: Wie? Die Natur wehrt sich? Diese Leute konnten ja schon vorher mit der Natur als Gaia, also als dem großen Organismus, wenig anfangen. Auf Deutsch: Das ist nicht wissenschaftlich. Die Natur wehrt sich. Das ist nicht wissenschaftlich. Es beginnt wissenschaftlich zu werden, weil sie jetzt sagen: Ja die Pandemie, die kommt von irgendwelchen Tieren, die wir gefressen haben. Und das heißt aber, wenn man den Satz weiterdenkt: die Natur rächt sich.

Und damit sind wir wieder bei dem alten Götterglauben der Altvorderen, die ja auch gesagt haben: Jeder Blitz ist eine Strafe Gottes. Dann nach dem dunklen Mittelalter sind die Leute nach Amerika gegangen, haben eine neue Welt aufgebaut, und die war dann mit dem neuen, mit dem aufgeklärten Bewusstsein ein Zeitalter der Wissenschaft, was ja bis heute anhält, das aber auch heute fragwürdig geworden ist. Denn das Anthropozän ist leider Gottes ein Selbstmord. Und da verändert sich jetzt stark das Bewusstsein, oder sollte sich verändern, angestoßen durch diese Pandemiegeschichte.

Ich jedenfalls bin gespannt, wohin das führt. Gleichzeitig bin ich zuversichtlich und dankbar dafür, dass das geschieht. Denn ich glaube tatsächlich, die große Transformation, wie man das nennen könnte, nämlich in ein anderes, in ein geistigeres, in ein liebenderes Leben, die passiert gerade. Natürlich erschrecken wir darüber und behaupten, dass sei eine Krankheit. So könnte ich ja auch behaupten: Dieser Krebs ist ja furchtbar und eine Krankheit und das will ich bekämpfen. NEIN! LIEBE ES!

Liebe es und sei dankbar dafür. Erkunde es und guck Dir an, wie hochintelligent oder wie hochspirituell eigentlich diese sogenannte Pandemie uns angeht. Nennt es nicht Krankheit. Nennt es einen Segen zur großen Veränderung, die wir so dringend nötig haben und die wir mit unserer normalen materiellen Intelligenz niemals haben herstellen können.

Brecht hat das in einem Lied so schön gesagt: „Der Mensch ist nicht schlau genug für dieses Leben."

Das kann man wirklich so sagen. Naja und da kommt jetzt diese höhere Intelligenz aus unserem Unbewusstem. Ich nenne es jetzt nicht gleich Gott, sonst erschrecken die Leute wieder, weil von Gott hat ja keiner 'ne Ahnung, weil das ist ja das Unbewussteste, was wir im Westen haben. Der schickt uns jetzt ein starkes Tool. Dieses Mal aber anders als '68, etwas, was sich erst mal furchtbar anfühlt, nämlich als eine tödliche Krankheit.

Gut, wir verdienen es nicht besser. Wir haben das damals noch bekommen als große Anfangserfahrung der Zukunft, haben aber nicht viel damit anfangen können, wie wir ja feststellen mussten und nun müssen wir noch mal durch Katastrophe bekehrt werden. Und eben nicht als schöne neue Welt, die so wunderbar war.

Es zeigt, wie wir eigentlich immer waren. Diesen Schleier wegzuziehen und zur Kenntlichkeit entstellen was, immer war.

In Wirklichkeit passiert hier grade, dass unser leicht verändertes Bewusstsein, also ein Bewusstsein des Jenseits, des Gestorbenseins, endlich mal guckt, wie wir immer waren. Nämlich immer übel drauf, kriegerisch, schuftend, die Natur ausbeutend usw. … Es ist nichts anderes, nur sehen wir es nun endlich. Ohne diese aufgeklärte Schönrederei und ohne dieses aufgeklärte Gequatsche: Sag nicht mehr Neger und dann wird es schon gut. Nein, das geht eben nicht und das ging auch noch nie. Die Aufklärung hat bloß immer die Sachen schöngeredet und hat damit gehofft, und insofern ist der Versuch auch ehrenwert, die Welt besser zu machen. Hat aber nicht funktioniert.

Oder diese ganze sogenannte Wokeness und Cancel-Kultur, sie wird die Verhältnisse nicht ändern. Es wird den Krieg nicht verändern.

Gut, da kommt nun eben Corona und räumt das alles weg. Und da sollten wir uns jetzt auf den Weg nach innen begeben.

CROW: Wie bringt man die Liebe zurück?

RAINER: Ganz einfach. Folgt Corona. Was sagt denn Corona? Alles belassen und nach innen gehen. Die Leute tun es ja auch völlig richtig. Sie gehen erst mal ins Internet. Das Internet ist schon eine neue, eine andere, eine bessere Welt und wurde uns schon natürlich auch schon vorher angeboten. Doch was haben wir gemacht? Die meisten und auch die 68iger, die ja heute die alten weisen Männer darstellen, haben versucht es kaputt zu machen. Und wenn dann Leute versucht haben, das ein bisschen weiter offen zu halten, dann wurden die in einer Weise behandelt, die sich gewaschen hat. Also Snowden und Assange und natürlich trauen sich dann die Jungen nicht weiterzugehen. Die sind dann auch brave Datenschützer und all dieser ganze Blödsinn, der ja zu der alten Welt gehört. In der neuen Welt gibt es nur „Die Gedanken sind frei" und das macht das Internet ebenso konkret, das diese ganzen Materialisten tatsächlich was damit anfangen können. Aber wieder mal nur die Jüngeren, und die Alten die wenden sich dagegen und machen das immer mehr kaputt, so gut sie können. All das: Es darf kein rechtsfreier Raum sein usw. und dieses ganze Gerede.

Guck doch einfach mal China an. China – die totale Überwachung. Überwachungskapitalismus. Da werdet ihr ausgebeutet, weil eure Daten gestohlen werden von den bösen Datenkraken... Facebook und Google usw. So versucht man das Ganze sofort runterzumachen oder wieder in den alten Kapitalismus zurückzuklemmen und zu regulieren, damit das nicht weitergehen kann. Wenn einer das dann trotzdem tut, dann vernichten wir den gnadenlos wider allen Rechts.

Wir sollten eines bedenken. Die Wissenschaft soll uns in dieser normalen Situation ein einigermaßen brauchbares Leben bescheren. Doch ich hoffe, dass das den Menschen klar wird, wir können in diesem Leben mit seiner Wissenschaft nicht bleiben. Wir müssen da raus. Das heißt aber sterben. Dann sagen wir aber wieder: Nein, nein das geht natürlich nicht, durch diese Krankheit zu sterben.

Damit ist die Wissenschaft doch erledigt. Dieser ganze Nachhaltigkeitsscheiß und, ja, wir kriegen es doch noch hin, und reparieren hier und da noch ein bisschen usw. usw., das ist doch schon erledigt. Das sieht man daran, dass dies zunächst erst mal eine Krankheit zum Sterben ist und jeder ist des anderen Todfeind. Es zeigt, wie wir eigentlich immer waren.

Diesen Schleier wegzuziehen und zur Kenntlichkeit entstellen, was immer war, das vermag jetzt die Krankheit. Sie zeigt uns: Nein, dieses Leben können wir nicht mehr verbessern. Das haben wir mit all unsere Schlauheit versucht und haben es nicht hinbekommen. Wir müssen in ein anderes Leben.

Aber in welches? Gibt es denn überhaupt noch ein anderes? Ich würde sagen: Jawohl. Zum Beispiel das Internet. Da gehen doch die Leute erst mal hin. Und das wird Folgen haben. Es wird nicht bei Elon Musk enden oder bei den heutigen IT'lern. Es wird darüber hinaus gehen. Die wollen unsterblich werden und das gehört eigentlich zur Spiritualität, aber es soll immer noch materiell gedacht werden.

Das weiß ich aber alles nur deshalb so genau, weil ich das von den Ostleuten gelernt habe. Diese Leute ticken ganz anders und schon gar nicht so materialistisch. Die wissen ganz genau, wie das geht und die wissen auch, was diese Pandemie ist. Die sagen ganz klar: nehmt sie an, liebt sie, so wie ich das jetzt mit meinem Krebs tue.

Ich lebe noch und ich lebe jetzt vor allem gern in dieser schrecklichen, in dieser höllischen Welt. Aber das geht nur weil, wie es schon in der Bibel stand: Liebet eure Feinde, also mit Feindesliebe. Liebe diese Krankheit. Liebe jeden, der Dir natürlicherweise immer auf irgendeine Weise feindselig gegenübertritt. Jeder ist ein Feind von Dir. Der Mensch ist des Menschen Wolf. Das war unsere Bestimmung, dieses Bewusstseins, dieses materielle Bewusstsein. Ja, wie kommt man da raus? Da sagtest Du: Das geht auch ohne Meister. Ja, dann versuch das mal.

Ich sage zu jedem: „Wenn Du was Besseres weißt, sag mir bitte Bescheid." Es geht ja darum, wer schafft es und wie kommt man dahin? Da ist meine Erfahrung, leider. Ich meine, ich habe mir das auch nicht vorstellen können und als klassischer Atheist in einer sehr fundamentalistischen christlichen Gemeinschaft aufgewachsen, konnte ich das nicht sehen.

Mein Meister sagte immer: Kirchen sind für Anfänger oder Volksschüler. Die wirkliche Kirche ist in Dir. Es ist Dein Körper und in Dir ist Alles. Da draußen diese Steingebäude sind es nicht. Doch die Leute gehen dahin und das ist auch OK, denn sie wissen es nicht besser.

Darum macht es auch keinen Sinn, ein Christ zu sein, denn der Meister ist schon lange weg. Damals war er derjenige welcher, der uns führen konnte, aber heute …

Das Wissen um meine Meister hat mir das Leben gerettet. Sonst wäre ich tot wie der Rest der Kommune. Die sind alle wieder in ihren faschistischen Körper zurückgefallen und haben die Sache mit der RAF gemacht. Die RAF waren viele meiner engsten Freunde.

Ich habe immer gesagt: Krieg kann es nicht sein! Nach der Kommune war ich kaputt, ja eigentlich tot. Ich musste dann einen neuen, spirituellen Weg finden. Das tue ich bis heute. Ich bin noch immer nicht sehr weit gekommen, aber immerhin so weit, dass ich euphorisiert durch diese Krebserfahrung gehen kann. Ich weiß, dass ich nur eine Marionette bin und eigentlich nichts zu melden habe und bestenfalls mein Bewusstsein so weit entwickeln kann, dass ich diese marionettenhafte Geschichte des göttlichen Planes gut finde, anstatt mich dagegen zu wehren.

Denn es sind Wir, die es nicht begriffen haben. Wir sind die Medien. Wir sind die Religionen. Das sind doch alles wir! Der Kapitalismus sind wir.

Wir sind die ganzen Leute, die es nicht begriffen haben und bis heute nicht hinbekommen haben. Wir suchen die Medien aus. Das sind doch wir. Die Medien sind doch unsere Werkzeuge. Der Katholizismus, das sind doch auch wir. Das sind doch keine bösen Gewaltherrscher, die da irgendwo oben die Fäden ziehen. Das sind alles wir. Alles unser Bewusstsein, auch wenn wir dagegen sind, auch wenn wir was anderes probieren, nett zu sein usw., das sind trotzdem wir, die in dieser Welt leben. Und wenn wir versuchen Widerstand zu leisten, wenn wir versuchen nachhaltiger zu sein, sind wir trotzdem noch in dieser Welt.

Ich glaube, wir sind am Ende mit unserer Welt und wir gehen tatsächlich jetzt in eine andere Welt.

Und da sagt mein Meister ganz einfach „Simple Life", also ganz einfach leben und nicht mehr technisch aufgemotzt die ganze Welt regieren wollen. Stattdessen nach innen gehen. Und da wird man dann noch mehr sehen, wie man mit dem Einfachen, mit dem materialistischen Rest, der dann nur noch existiert, umgeht. Das haben wir damals Kommune genannt. Ich denke, wir haben damals recht gehabt. Das sehen wir auch daran, dass heute die Jugendlichen oft in Kommunen leben. Kaum einer lebt noch in einer Zweierbeziehung, in einer Ehe.

Die wesentliche Gemeinschaftsform der Zukunft oder bereits der Gegenwart, das ist die Community. Und in der Community wird eben schon geliebt. Das heißt, wir sind alle Freunde. Auf Social Media ist die größte Freundesgemeinschaft, die es so umfassend noch nie in der menschlichen Geschichte gegeben hat. Alle waren immer miteinander verfeindet. Der Fremde sowieso, aber auch der Liebespartner. Wir waren immer im Geschlechterkampf. Das alles ist im Internet bereits anders. Wir sind alle miteinander befreundet. Um sechs Ecken zwar, aber Du bist mit jedem Menschen auf der Welt befreundet, und das sind schon etwa 3 Milliarden z. B. nur auf Facebook. Also, was wollen wir mehr? Das ist doch alles großartig. Die Frage ist nur, wie weit das alles führt. Wir werden sehen, wie lange wir uns in dieser Welt aufhalten werden. Denn plötzlich sehen wir die Mördergrube in dem Anderen. Den Faschisten in dem Anderen, der wir immer selber waren.

Es geht nun darum, dass wir uns das selbst zeigen und nur dadurch, dass wir es wiederholen. Wie in einer Therapie: erinnern und wiederholen. Dann kannst Du erst austreten. Es muss einmal richtig sichtbar werden. Wir müssen uns dessen bewusst werden.

Jenseits dieses aufgeklärten Gequatsches müssen wir sehen, dass es so nicht geht. Wir sind Erbsünder. Wir leben in der Sünde und das Karma entlässt uns nicht. Wie kommen wir da raus? Das ist eben die Frage. Ich habe für mich die Möglichkeit gefunden, und das hat mir das Leben gerettet, bzw. ein neues Leben ermöglicht. Ich habe es bei einem lebenden, wirklichen, kompetenten Meister gefunden.

Ich habe erkannt, dass ich der Meister bin und immer war, was ich aber bis dahin immer so verkannt habe, indem ich dachte, ich sei irgendein Arschloch in dieser materiellen Welt.

Es ist nicht einfach, wenn man das einmal erkannt hat, dann kommt der lange Weg durch die ganzen Dunkelheiten. Nicht nur mit einer einzigen Erkenntnis wie '68, sondern das dann der Weg erst beginnt. Und dass dieser Weg erst mal durch den Faschismus, durch den eigenen Faschismus durchführt. Durch unsere eigene Dunkelheit. Durch das Dunkel zum Licht. Das ist etwas, was erst später kommt. Damit sind aber die meisten Menschen schon überfordert.

Wir sind Erbsünder. Wir leben in der Sünde und das Karma entlässt uns nicht. Wie kommen wir da raus? Das ist eben die Frage.

Rainer L. – Acrylfarbe, Pen auf Acrylpapier, 36 x 48cm, © CROW

Relativ schnell habe ich dann festgestellt, dass ich im falschen Körper lebe, habe das aber immer unterdrückt, weil ich der Meinung war, es ist falsch.

– Sabine

SABINE
DIE WUT AUF MICH SELBST

Hain-Park Bamberg im April 2023, Foto © CROW

ALS STEFAN GEBOREN ...

Es gibt Geschichten, die in den Schatten unseres Bewusstseins liegen, verborgen hinter den Kulissen des alltäglichen Lebens. Geschichten von Mut, Selbstfindung und dem unwiderstehlichen Drang, die eigene Identität zu leben. Eine solche Geschichte erzählt von Sabine. Geboren als Stefan, war ihr Leben ein ständiger Kampf, ein Kampf gegen das, was sie in den Augen der Gesellschaft sein sollte und das, was sie in ihrem Herzen wusste: Wer sie wirklich war.

Sabine wurde in einer Welt geboren, die klare Geschlechterrollen vorsah und Transgender-Personen verurteilte. Schon als Kind fühlte sie sich anders, konnte sich jedoch noch nicht genau erklären, warum. Stefan, wie sie damals genannt wurde, wuchs in einem sehr konservativen Umfeld auf, in dem männliche Normen und Erwartungen stark verankert waren. Er fand sich in der Rolle des Sohnes und später des Ehemanns wieder.

Ihre Lebensreise führte sie zur Ehe und zur Vaterschaft. Sabine heiratete, zeugte ein Kind und versuchte, ihre Rolle als Vater zu erfüllen.

Im Alter von knapp 50 Jahren begab sie sich dann auf einen sehr steinigen Weg. Es war der Weg der Entscheidung.

Der gesellschaftliche Druck und die Ängste, die mit dieser Veränderung einhergingen, waren überwältigend. Doch Sabine wusste, dass sie nicht länger ein Leben in einem Körper führen konnte, der nicht zu ihr gehörte.

Diese Geschichte ist ein Beweis dafür, dass es mit Mut und Entschlossenheit jederzeit möglich ist, die eigene Wahrheit zu leben. Möge ihre Geschichte uns inspirieren, uns selbst zu akzeptieren und anderen Menschen mit Empathie und Verständnis zu begegnen, denn am Ende des Tages sind wir doch alle auf der Suche nach unserer eigenen Identität und unserem inneren Frieden.

CROW: Wann hast Du gemerkt, dass Du anders bist, anders fühlst, und wie hat sich das in Dir und auch auf Dein Umfeld ausgewirkt?

SABINE: Gemerkt habe ich das recht früh. Als Jugendlicher mit etwa 14 Jahren wurde mir bewusst; Ich bin nicht so wie die anderen. Relativ schnell habe ich dann festgestellt, dass ich im falschen Körper lebe, habe das aber immer unterdrückt, weil ich der Meinung war, es ist falsch. Ich bin ein Mann, ich muss als Mann leben und alles andere ist falsch. Dazu kam, dass in den 80ern nicht die Zeit war, mein Problem öffentlich zu machen.

CROW: OK, aber es war ja, wie es war. Wie hast Du es gelebt? Ich denke heimlich, weil mehr als heimlich war wohl nicht möglich.

SABINE: Nun, ich bin oft heimlich an den Schrank meiner Mutter und habe mir ihre Kleider angezogen, um mich als Frau zu fühlen. Später in meiner ersten Beziehung, bin ich an den Schrank meiner Freundin und später in der Ehe genau dasselbe. Ich habe mir auch heimlich Frauensachen gekauft und sie versteckt. Zuhause habe ich mich immer als Frau angezogen, während meine Frau auf der Schicht war.

Das war recht unkompliziert, weil ich ja genau wusste, wann sie nach Hause kommt. So konnte ich das gut organisieren. Das war ein sehr befreiendes Gefühl, aber immer mit dem Gedanken, es ist falsch.

CROW: Gab es Situationen, bei denen Du erwischt worden bist oder wurde es mal knapp?

SABINE: Erwischt wurde ich direkt nie, nur einmal war es recht knapp. Ein Versandhaus hatte am falschen Tag geliefert und meine Frau hat das Paket mit Frauenkleidern entgegengenommen. Ich musste das dann als Fehllieferung erklären und sagte, ich schicke das Paket zurück, was ich dann aber nicht tat.

CROW: Du hattest eine Frau und ein Kind. Wann war Dein Coming-out?

SABINE: Das war nach meiner Scheidung im Jahr 2015. Ich bin mit einer guten Freundin zur Weiberfastnacht. Natürlich als Frau verkleidet. Das hat mir so gutgetan, dass ich mir gesagt habe: Das ist es, ich will mehr davon haben. Meine Freundin wusste zu diesem Zeitpunkt noch nicht, was mit mir los war, hat es aber recht schnell gemerkt. Sie hat mich dann sehr gut dabei unterstützt. Leider ist unsere Freundschaft in der Coronazeit kaputt gegangen.

CROW: Wie ging es dann weiter?

SABINE: Ich habe es am Anfang immer noch heimlich gelebt. Ich bin beispielsweise nach München gefahren und als Frau durch die Stadt gelaufen. Praktisch als Generalprobe. Später fand ich einen Stammtisch in Nürnberg, wo sich regelmäßig Transvestiten oder Transgender trafen. Wobei man hier natürlich stark unterscheiden muss.

Zu diesem Zeitpunkt wusste ich noch nicht, wie weit es bei mir gehen wird. Anfangs dachte ich noch, es reicht mir, ab und an eine Frau zu sein. Wir hatten einmal im Monat einen schönen Abend mit vielen Gesprächen, doch ich merkte recht schnell, das reicht mir nicht. Immer wenn ich zu diesen Treffen gefahren bin, war ich ja nicht irgendwie als Frau verkleidet. Ich war als ich selbst unterwegs.

Meine damalige Freundin hat mich oft zu diesen Treffen begleitet und wir hatten viele schöne Stunden. Oft sind wir auch zusammen ins Kino und zum Essen und so weiter. Mein eigentliches Coming-out war nicht wirklich geplant. Es war mehr aus Versehen. Ich hatte in dieser Zeit bereits ein zweites Facebook Profil als Sabine.

An einem Abend wollte ich etwas bei meinem alten, Stefan-Profil posten und habe aber aus Versehen mein Sabine-Profil angeklickt. Nun, von da an wusste es jeder. Es war also mehr unfreiwillig. Am Ende dachte ich mir aber, einfacher hätte ich es gar nicht machen können.

Nachdem es dann eh jeder wusste, konnte ich von da an als Frau losziehen. Das alles passierte im September 2016.

CROW: Wie haben die Leute auf der Straße reagiert?

SABINE: Im Großen und Ganzen war alles eigentlich überhaupt kein Problem. Ein paar Freunde haben mich angesprochen und Fragen gestellt. Ich habe alles beantwortet und gut war es. Die einzige Veränderung war, dass ich aus der Feuerwehr ausgetreten bin. Es stellte sich nach einigen Gesprächen aber heraus, dass ich da vielleicht überreagiert hatte, weil es von Seiten der Kameraden absolut kein Problem darstellte.

CROW: Wie hat Deine Familie reagiert?

SABINE: Ich habe im August 2017 meine Outing-Tour gestartet. Durch meine komplette Verwandtschaft. Angefangen bei meiner Tante, die es sehr gelassen aufgenommen hat. Danach zu meiner Cousine, zu meinem Paten usw.
Ich bin jedes Mal als Stefan hin und als Sabine wieder gegangen. So bin ich durch meine Verwandtschaft durch. Es waren allerdings nicht immer nur positive Reaktionen. Eine meiner Tanten ist komplett ausgeflippt und hat es überhaupt nicht verstanden. Am schwierigsten war es aber, es meiner Ex-Frau und meiner Tochter zu erklären. Meine Tochter versteht bis heute nicht, wie ich heiraten und Kinder zeugen konnte.
    Meine Mutter hat es unterdessen auch verstanden, glaube ich. Sie ist eigentlich ein recht offener Mensch. Aber ich denke, wenn es um das eigene Kind geht, dann ist eine solche Situation wohl doch etwas schwieriger zu verstehen.

CROW: Wie hat Dein erweitertes Umfeld auf Dich reagiert? Du kommst aus einem Dorf. Ich könnte mir vorstellen, dass es dort vielleicht nicht ganz so einfach war.

SABINE: Ich weiß, dass hinter meinem Rücken geredet wurde, und ein paar Nachbarn haben auch ein Problem damit. Ich bin aber heute so gefestigt, dass ich deren Probleme mit mir nicht an mich heranlasse. Es sind deren Probleme, nicht meine.

Anders als beispielsweise mein damaliger Arbeitgeber. Er hat sich einfach fantastisch verhalten und mich unterstützt, wo es ging. Wirklich ganz toll.

CROW: So, OK, jetzt warst Du ‚Out of the Closet'. Was mich interessiert, ist, wenn Du nun losgehst und Klamotten kaufen möchtest. Das sind ja dann Frauenkleider. Wie reagieren beispielsweise die Verkäuferinnen oder auch andere Kunden? Man hört ja auch immer wieder, das Transgender-Menschen verbal belästigt oder sogar körperlich angegriffen werden.

SABINE: Von alle dem blieb ich Gott sei Dank verschont. Alles wirklich kein Problem. Ich werde immer vernünftig beraten und bedient. Ich weiß natürlich nicht, was die Leute dabei denken, aber der Kunde ist König und was jemand dabei denkt, ist mir eigentlich egal.

CROW: Du hast Dein Outing im Jahr 2016 gemacht. Da warst Du bereits 49 Jahre alt. Was denkst Du, wäre es genauso ‚einfach' gelaufen, wenn Du den Schritt bereits mit Mitte 20 gemacht hättest? Also etwa Anfang der 90iger Jahre oder sogar früher.

SABINE: Das wäre mit Sicherheit ganz anders gelaufen. Damals hatte die Gesellschaft ja noch eine völlig andere, viel unaufgeklärtere Einstellung vor allem in Bezug auf Menschen wie mich. Das wäre sicher nicht ohne Probleme gelaufen.

CROW: Wie war das als Jugendlicher? Man kennt das ja. Du läufst mit Kumpels durch die Straßen und jemand sieht anders aus. Ein Mann im Rock wäre doch mit Sicherheit einigen dummen Sprüchen ausgesetzt gewesen, oder? Wie war das bei Dir, damals ja noch als Stefan?

SABINE: Ich habe mich einfach angepasst und mitgemacht. Um nicht aufzufallen. Ich habe bei frauenfeindlichen Lieder mitgegrölt, um nicht aufzufallen. Ich hab's sogar mit Fußball versucht.

CROW: Nun hast Du dieses Bewusstsein anders zu sein und die ganzen damit verbundenen Gefühle so viele Jahre mit Dir umhergetragen. Besonders in der Jugend und in der Pubertät stelle ich mir das noch recht kompliziert vor. Wie ging es Dir damit all die Jahre?

SABINE: Ich war nie wirklich glücklich. Hatte sogar Selbstmordgedanken. Ich habe zwar immer gedacht, es wird alles gut, aber innerlich war gar nichts gut. Ich war äußerlich ein Mann, der auf Frauen steht, aber innerlich eine lesbische Frau. Sexualität macht im falschen Körper so auch nicht wirklich Spaß.

CROW: Wann hast Du Dich für den letzten Schritt, die OP, entschieden?

SABINE: Der Entschluss, letztendlich den letzten Schritt noch zu gehen, kam im Frühsommer 2017. Also recht früh nach meinem Outing. Ich hatte mir vorher natürlich schon viele Gedanken darüber gemacht, hatte viele Zweifel und machte mir Sorgen wegen eventueller Schmerzen und so weiter. Dann eines Tages, ich wusste ich würde auf einen Geburtstag eingeladen werden und ich hatte mir lange vorher überlegt: Wer geht hin? Stefan oder Sabine? Als dann auf der Einladung Sabine stand, dachte ich, OK, alles klar. Auf dieser Feier fragte mich dann eine enge Freundin: Und wann geht das nun endlich bei Dir weiter? Dieser Abend hat mich in meiner Entscheidung maßgeblich beeinflusst.

Vom Entschluss zur OP ist es aber auch noch ein langer Weg. Man muss die passenden Ärzte finden. Dann einen Therapeuten, was in Deutschland ohne lange Wartezeiten nicht einfach ist. Im Januar 2018 ging dann die Psychotherapie los. Ohne Therapie geht nichts.

Viele Gespräche fanden statt und es ist als Vorbereitung für die erste OP sehr wichtig. Weil, was weg ist, ist weg (*lacht*).

Aber vorher war da ja noch die Hormontherapie. Nach eineinhalb Jahren war dann endlich die erste OP in Erding. Das war am 06. Februar 2022. Vorher musste ich aber noch meine Identität ändern bzw. anpassen. Das ganze Prozedere mit Namensänderung etc. hätte mich früher fast 3.500 € gekostet.

Durch Änderung des Personenstandsgesetzes kann es aber nun laut Gesetz: bei Personen mit einer Variante der Geschlechtsentwicklung, einfach beim Standesamt geändert werden. Ich brauchte nur ein Attest vom Hausarzt und bin zum Standesamt. Es hat dann statt 3.500 € nur noch 50 € gekostet. Weiter sollte es mit dem Brustaufbau gehen, was sich aber recht lange hingezogen hat. Diese OP war dann im April 2023, also gerade erst. Zeitgleich bin ich immer noch ständig in Behandlung, um meine Körperbehaarung, speziell die Gesichtsbehaarung entfernen zu lassen. Das geschieht via Laser und ist recht schmerzhaft.

CROW: Hat sich während dieser ganzen Zeit irgendjemand komplett von Dir distanziert oder wurdest Du vielleicht mal auf der Straße beschimpft?

SABINE: Nein, niemals. Ich bin letztendlich sehr froh, dass ich mich endlich dazu durchgerungen habe, den großen Schritt zu wagen, um endlich zu sein, wer ich schon immer war, Sabine.

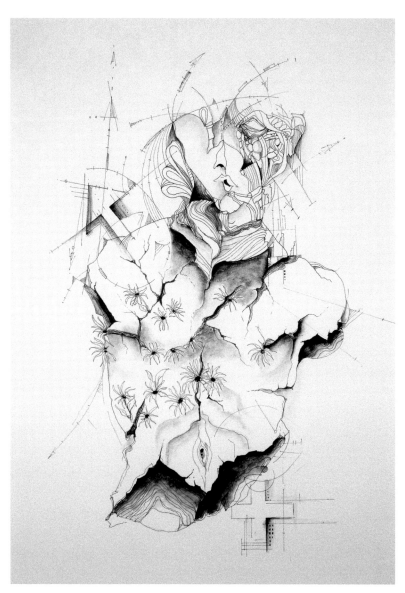

SABINE – Acrylfarbe, Pen auf Acrylpapier, 36 x 48cm, © CROW

Wenn ich den Leuten erzähle, dass ich keinen Alkohol trinke, halten sie mich für einen Lügner.

– Carsten

CARSTEN
DER STADTPARK-POET

Stadtpark Berlin im Mai 2023, Foto @ CROW

EIN BEWUSSTES LEBEN

Auf meiner Suche nach Menschen mit Courage sind mir viele spannende und traurige Geschichten erzählt worden. Viele Menschen kämpfen Tag um Tag für eine gute Sache, für ihren Lebensweg und manche auch einfach ums Überleben. Manche dieser Lebenswege sind nicht bewusst gewählt und sind oft Resultate der Umstände. Andere wiederum basieren auf Entscheidungen.

Carstens Weg basiert auf beidem. Der Entschluss, hier auf der Bank im Stadtpark zu leben, ist die Art von Leben, die er für sich richtig und befriedigend findet. Als mir Carsten von meiner Kuratorin empfohlen wurde, dachte ich zuerst an einen frustrierten, alkoholgetränkten Aussteiger, der enttäuscht von der Gesellschaft und wütend auf alles und jeden ist. Ich dachte sogar daran, mir seine Geschichte anzuhören und dann im Nachhinein erst zu entscheiden, ob ich seine Story in mein Buch aufnehme oder nicht. Ich merkte aber schnell, dass das ein sehr arroganter Gedanke von mir war und ich mich sehr geirrt hatte.

Denn ich habe in Carsten einen gebildeten Mann mit sehr klarem Verstand getroffen. Einen Geschichtenerzähler und Poeten.

Weit ab von jeglichen Klischee-Gedanken, die unsere Gesellschaft im Allgemeinen über Menschen hat, die auf der Straße leben, habe ich ganz nebenbei noch eine Lehrstunde in Gedichteschreiben erhalten.

AUF DER SUCHE NACH SELBSTWERT

CROW: Carsten, erzähl mir einfach, was Du möchtest und was Du kannst. Du lebst hier im Park, weil Du das möchtest und nicht, weil Du es musst. Das möchte ich verstehen. Was sind Deine Beweggründe?

CARSTEN: Geboren wurde ich 1969 in Wuppertal und ich war von Anfang an ein recht zorniges Kind. Es hat geheißen, ich hätte mir die Haut vom Gesicht gekratzt und man musste mir die Hände in Bandagen einwickeln, um mich vor mir selbst zu schützen. Ich habe mal ein Foto gesehen von mir als kleines Baby. Weißer Strampelanzug und ein knallroter Kopf. Unglaublich. Rot vor Zorn und zerkratzt. Später ist meine Familie an den Bodensee gezogen, und da setzt dann auch meine erste Erinnerung ein.

Dort unten fiel ich einem Sadisten in die Hände. Ich war sechs Jahre alt und er war acht. Dieser Junge, der Sohn unseres Vermieters, war hochgradig sadistisch. Er hat Tiere gequält und mich gezwungen, dabei zuzusehen. Gleichzeitig setzte er mich mit Drohungen unter Druck, ihn nicht zu verpetzen oder er würde das gleiche mit mir tun. Oft war auch ich sein Opfer. Gesicht in den Dreck und Knie in den Rücken, waren dabei noch die harmloseren Sachen. Immer wieder zog er mich an den Haaren und flüsterte mir ins Ohr: Du bist hässlich. Du bist der letzte Dreck usw. Das hat mich alles sehr geschockt.

Nebenbei hat mein Vater unser ganzes Geld versoffen. Als meine Mutter ihn dann rauswarf, war ich acht Jahre alt. Er hat uns mit vielen Schulden zurückgelassen und sich nie wieder für mich interessiert. Meine Mutter hat mir später erzählt, dass er unbedingt wollte, dass ich so heiße wie er. Nun heiße ich aber nicht wie er und ich glaube, dass das der Grund war, warum er sich nicht mehr für mich interessierte. Einfach weil er seinen Namen nicht auf mich übertragen konnte. Er hat sich dann einen neuen Sohn gemacht und dieser heißt genau wie er. Vielleicht eine seltsame Form von Unsterblichkeitsvorstellung. Keine Ahnung. Ich hatte nur noch ein Mal Kontakt zu ihm. Als ich sechzehn war, habe ich ihn mal besucht. Dort ist dann etwas passiert, was mich endgültig von Ihm gelöst hat. Mein kleiner Halbbruder fuhr mit dem Dreirad durchs Wohnzimmer und schimpfte: Das ist mein Papa! Nur mein Papa alleine! Ich war ihm nicht böse, hatte aber eine Berichtigung seitens meines Vaters erwartet. Die kam nicht. Von da an wusste ich, OK, Du bist nicht sein Sohn. Er sieht mich nicht als seinen Sohn an. Das hat mich zutiefst verletzt. Für mich war es dann eigentlich nur die Bestätigung, was der Sohn unseres Vermieters immer wieder gesagt hatte, dass ich wertlos bin. Wie eine stillschweigende Bestätigung.

Das alles hat dazu geführt, dass ich beim Heranwachsen tatsächlich geglaubt habe, dass ich wertlos bin. Ein Selbstwertgefühl und mein Selbstvertrauen hat das alles völlig zu Grunde gerichtet. Ich habe angefangen, mir das alles selbst einzureden. Es ist erstaunlich, was man sich selber einreden kann und welche Folgen das haben kann.

Im Alter von 26 Jahren erreichte mein Selbstwertgefühl seinen absoluten Tiefpunkt. Ich habe zu den Drogen gefunden, hab mich weggedröhnt. Bloß nicht nüchtern sein. Jedes Wochenende Vollrausch mit LSD, Koks usw. Ich habe viele verrückte Sachen angestellt, z.B. habe ich mal in einer Bank sechs Fensterscheiben eingeschlagen, einfach so. Ich wollte kein Geld, einfach nur zerstören. Ich war dann ganz kurz in einer geschlossenen Anstalt, aber sie haben recht schnell gemerkt, dass ich nicht verrückt bin. Danach habe ich drei Jahre lang auf einem Bauernhof gelebt. Später bin ich einer Frau begegnet, die ich sehr interessant fand und dachte, sie mich auch. Wir hatten sehr viele Gespräche und einmal sagte sie zu mir, dass es unglaublich weh tut, abgelehnt zu werden.

Dieser Satz hatte mich tief berührt, denn sie hat genau getroffen, was mein Vater mir angetan hatte.

Ich habe total mein Herz an diese Frau verloren und zwar in einer Art, wie ich es mir nie hätte erträumen können. Zum ersten Mal in meinem Leben wollte ich einen anderen Menschen ganz und gar kennenlernen. Aber auch sie hat mich später zurückgewiesen.

Ich ging dann nach München und habe dort in sieben Jahren versucht, mein Selbstwertgefühl wieder aufzubauen. Mir wurde klar, warum ich mich so fühle und was die Auslöser dafür waren. Die Folge war allerdings, je mehr ich gewachsen bin und je mehr Selbstvertrauen ich erlangte, umso mehr liebte ich diese Frau. Es hat sich immer mehr gesteigert. Es war eine Dankbarkeit.

Ich habe sie dann getroffen, um ihr zu sagen, dass ich sie liebe. Sie war zu diesem Zeitpunkt schwanger, und ich habe ihr ein großes Paket mit Babysachen zusammengestellt, um es ihr zu schenken. Sie gab mir das Paket zurück mit einer Nachricht darin: Du kannst mich nicht lieben. Du kennst mich nicht. Ich liebe Dich nicht, und ich werde Dich niemals lieben.

CROW: … und wieder eine Ablehnung.

CARSTEN: Ja, und vor allem so grundlegend und radikal. Sie hatte wirklich die Anmaßung besessen, mir zu sagen was in mir vorgeht. Kurz darauf hatte ich meinen ersten Herzinfarkt. Im Alter von 33 Jahren. Seitdem habe ich große Schwierigkeiten, anderen Menschen anzuvertrauen was in mir vorgeht.

Ich habe mich dann, weil ich mich wieder einmal wie der letzte Dreck gefühlt habe, versteckt. Einfach vor Menschen versteckt. Ich saß zehn Jahre in meiner Wohnung, habe Bücher gelesen, Filme geschaut und mich so von der Außenwelt abgekapselt. Ich wollte von Niemandem etwas wissen. Gleichzeitig habe ich in Angst gelebt. In Angst vor meinen Gefühlen und wie verletzlich diese mich machen. Bis zu meinem zweiten Herzinfarkt mit 43 Jahren. Ein schwerer Herzinfarkt, der mich ins Krankenhaus brachte, wo man mir zwei Stands einsetzte. Mir wurde klar, ich muss raus aus dieser Wohnung. Ich muss anfangen zu leben. Ich darf mich nicht länger verstecken. Das war eigentlich der Knackpunkt, warum ich jetzt auf der Straße lebe. Ich musste wieder auf Menschen zugehen bzw. Menschen auf mich zugehen lassen.

CROW: Das heißt Du lebst jetzt schon neun Jahre hier draußen. Hat sich in dieser Zeit etwas für Dich verändert? Ist das eingetreten, was Du Dir vorgestellt hast?

CARSTEN: Ja, aber es ist auch vieles eingetreten, was ich mir nicht gedacht habe. (lacht laut). Man merkt sehr schnell. Was man vorher hatte, wenn man es nicht mehr hat. Beispielsweise Privatsphäre. Das ist mittlerweile etwas unglaublich Wertvolles für mich. Oder mal duschen zu können, wird zum Luxus. Absolut.

CROW: Nun Privatsphäre hast Du ja im öffentlichen Raum eher selten bis gar nicht.

CARSTEN: Außer, wenn ich nachts mein Fahrrad an die Parkbank stelle und die Plane über mich ziehe, dann bin ich wenigstens vor den Blicken anderer Menschen sicher. Das ist schon ein bisschen Privatsphäre, aber es ist doch recht wenig.

Ich habe aber auch auf der Straße angefangen, mein Leben zu reflektieren und viel nachgedacht. Philosophie und Poesie. Ich schreibe Gedichte.

Carsten auf ‚seiner' Bank in Berlin, Foto © CROW

CROW: Du schreibst Gedichte!? Würdest Du mir eins vorlesen?

CARSTEN: Ja, ich kann Dir gerne eines vortragen, wenn Du möchtest.

Seelengesang

Durch den seelischen Gesang in einem Ring aus Schweigen tanzen wir den stillen Reigen mit den Geistern im Einklang, in dem Erkenntnisse sich zeigen.

Durch dieses göttlich Tönen aus dem Individuellen wahrhaftig Träume quellen, solche überirdisch schöne die die Wirklichkeit erhellen. So dem Göttlichen begegnend Durch das strahlende Gesicht, das spiegelnd widerspricht uns widerscheinend segnend mit der Wahrheit flammend Licht.

Von diesem Licht getragen, die Seele stets erbebt, sich himmelwärts erhebt, entledigt aller Fragen nun endlich ewig lebt.

CROW: Wow! Das ist aber schon ein hohes Level. Das ist fantastisch. Du sitzt hier, liest Bücher und schreibst solche Gedichte. Ist es nun aber nicht so, dass genau Deine jetzige Situation Dir dieses viele Lesen und Schreiben ermöglicht?

CARSTEN: Genau. Ich habe so die Freiheit und vor allem den Abstand, um das zu tun, was ich tue. Ich habe jetzt Zeit. Das ist unglaublich wertvoll, Zeit für Kreativität, für Nachdenken zu haben. Wir finden ja keine Zeit mehr, um nachzudenken. Ich schöpfe da sehr aus meiner Vergangenheit. Wenn man tiefgreifende Dinge erlebt hat, dann wird das entweder zur Tiefgründigkeit oder zur Abgründigkeit. Man kann sehr leicht in seine eigenen Abgründe hineinstürzen.

CROW: Kannst Du die Gedichte alle auswendig?

CARSTEN: Die meisten kenne ich auswendig. Ich kopiere Dir gerne mal ein paar. Ich mache das öfter. Hänge die Gedichte zusammen zu einem Band und verschenke sie. Ich bedanke mich sehr oft bei anderen mit einem Gedichtband.

CROW: Manche fangen dann in dieser Situation an zu saufen oder Drogen zu nehmen. Das tust Du aber nicht.

CARSTEN: Stimmt. Ich will mich ja auch nicht betäuben. Ich will alles bewusst erleben. Viele Leute kommen in diese Situation, weil sie schon am Abrutschen sind. Alkohol, Drogen etc. Sie rutschen damit aber nur viel weiter rein und landen hier auf der Straße. Dort trinken sie dann noch mehr. Das ist ein Teufelskreis.

CROW: Nun wirst Du aber von der Gesellschaft als einer dieser Menschen gesehen. Die Leute sehen Dich, aber kennen ja Deine Story nicht.

CARSTEN: Richtig, das ist so.
Wenn ich manchen Leuten erzähle, dass ich keinen Alkohol trinke, halten sie mich für einen Lügner. Ich glaube einfach, dass die meisten Menschen in mir etwas Beängstigendes sehen. Viele haben einfach Angst vor der Armut. Sie sehen mich und sie sehen ihre Ängste vor sich. Es ist nun mal des Menschen Natur, dass er gerne hasst, wovor er Angst hat. Darum sehen mich auch unglaublich viele Menschen hasserfüllt an. Wie eine Kakerlake, die man zertreten müsste. Es sind manchmal diese Blicke, die mir zugeworfen werden. Das ist auch oft beängstigend für mich. Ich denke mir oft: Wow, was geht in dem wohl vor?

CROW: Lass uns noch mal auf Dein Gedichteschreiben zurückkommen. Ich finde total interessant, dass Du das wahrscheinlich hier draußen auf der Straße in Dir entdeckt hast.

CARSTEN: Durch die Zeit, die ich hatte, habe ich das in mir entdecken können. Es ist die Kreativität und der Drang mich auszudrücken, meine Emotionen und meine Gedanken in Worte zu kleiden. Für mich ist das eine Wortgewandtheit, die dafür sorgt, dass man etwas in Worte gewandet, also wie ein Gewand, was man sich anzieht. Etwas, das einen kleidet. Schön kleidet. Das ist für mich Poesie. Wenn man etwas aussagt und dann noch auf eine schöne Art. Ich habe jetzt ca. 40 Gedichte und arbeite gerade an einer Ballade, allerdings in einem anderen Rhythmus. Das Gedicht, was ich gerade vorgetragen habe, war im Fünfer-Rhythmus gehalten. Gerade arbeite ich an einem Sechser-Rhythmus. Das geht dann so: Eine Zeile, dann zwei Zeilen, die sich reimen, dann wieder zwei Zeilen, die sich auf die erste Zeile reimen und dann wieder eine Zeile, die sich auf die beiden Zeilen davor reimt. Also 1-2-2-1 Rhythmus.

CROW: Nun lebst Du schon so viele Jahre hier draußen. Wie denkst Du geht es weiter? Hast Du eine Idee, einen Plan? Wir werden alle älter.

CARSTEN: (lacht laut) Mein Plan ist, recht planlos zu leben. Genau das ist es ja. Das ist die Muse. Wenn Du im Jetzt leben willst, dann darfst Du nicht gedanklich im Morgen sein. Dann darfst Du auch nicht im Gestern leben. Genau das ist mein Ziel. Ich möchte im Hier und Jetzt sein. Mit der Einstellung darfst Du Dir keine Zukunftspläne machen. Wenn Du nur ständig mit der Zukunft beschäftigt bist, dann siehst Du die Gelegenheiten, die Du jetzt hast, nicht. Du siehst dann nur daran vorbei. Wie mit Scheuklappen. Nur wenn man ganz und gar im Augenblick verweilt, kann man etwas erreichen. Es ist wie jemand, der auf einer Wiese nach einer ganz bestimmten Blume sucht. Der rennt an so vielen Blumen vorbei, die er finden könnte, weil er nach dieser bestimmten Blume sucht. Würde er sich einfach hinsetzen, würde er so viel Schönheit um sich herum finden. Aber dadurch, dass er sucht, findet er nicht. Darum halte ich auch nicht viel von dem Satz: Wer sucht, der findet.

CROW: Du liest sehr viel. Was sind das für Bücher und woher bekommst Du sie?

CARSTEN: Ich bekomme viele Bücher geschenkt oder ich kaufe sie mir. Im Moment lese ich ‚Alexanders Erbe'. Also über die Zeit nach dem Tod von Alexander dem Großen. Der Zerfall seines Reiches, einfach weil sich alle zerstritten und bekämpft haben. Ich finde z.B. Hermann Hesse gut. Den wertschätze ich sehr. Ein sehr guter Erzähler. Er hat mal etwas gesagt, was mich sehr zum Nachdenken gebracht hat, und zwar: Um das Mögliche möglich zu machen, muss immer wieder das Unmögliche versucht werden.

Ich habe noch nie verstanden, wenn jemand gesagt hat: Das ist unmöglich. Meiner Meinung nach ist nichts unmöglich. Es ist immer nur eine Frage des WIE.

CROW: Ich habe noch eine letzte Frage. Bist Du glücklich?

CARSTEN: Nein, aber ich bin zufrieden. Glück ist wie eine Nachtigall. Sie kommt ab und zu an Dein Fenster und singt für Dich, aber sobald Du sie einsperrst, hört sie auf zu singen. Wenn das Glück kommt und wieder gehen darf, dann kommt es auch zurück. Wie die Nachtigall.
Ich bin zufrieden mit dem, was ich habe und auch mit dem, was ich nicht habe. Aber ich habe auch noch einen besonderen Wunsch. Ich wünsche mir, dass sich unser aller Selbstverständnis ändern könnte. Weil, wenn ich sage, ICH und rede von mir und so, dann nehme ich dieses Wort ICH als identifizierend an. Wir sollten uns aber lieber mit dem Wort WIR identifizieren, denn das bringt Zusammenhalt und Liebe hervor.

Erleuchtung

In einem Meer aus Schmerzen, ohne Luft zum Atem holen wurde ich zutiefst im Herzen dem Schicksal anbefohlen. Im todesnahen Zustand der Zuversicht beraubt, in dem ich keine Ruh fand, weil niemand an mich glaubt, versank ich in dunkler Tiefe den Mund weit offenstehend, als ob ich taubstumm riefe mein Seelenheil erflehend. In der Finsternis versinkend, dem Tode schon geweiht. Im Wahnsinn gar ertrinkend bis in alle Ewigkeit, ohne Hoffnung verendend begann ein Lichtertanz, so strahlend hell und blendend aus Mond und Sternenglanz. Dem Lichte zu ich strebte, das die Hoffnung neu entfacht, meine Seele gar erbebte angesichts der Lichter Pracht. Aus der Dunkelheit ich trat ins helle Licht hinein, sein erleuchtender Rat wusch meine Seele rein. Der Finsternis entfliehend, im Lichte neu geboren, aus dem Lichte Kraft beziehend, sah ich nunmehr nur nach vorn. Auf diesem Lichte aufgebaut, hab' ich die Wahrheit gefunden, bin der Erde Schönheit angetraut, auf Ewig mit ihr verbunden.

– Carsten

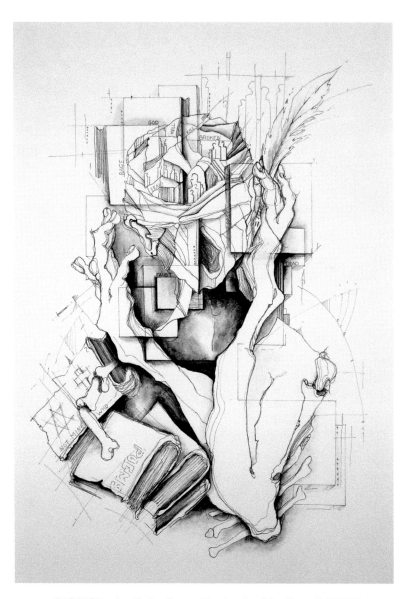

CARSTEN – Acrylfarbe, Pen auf Acrylpapier, 36 x 48cm, © CROW

Als ich nach vierzehn Jahren aus dem Heim entlassen wurde, war ich eine geladene Waffe.
– Bruce

BRUCE
VOM GEFANGENEN KIND ZUM WOLF

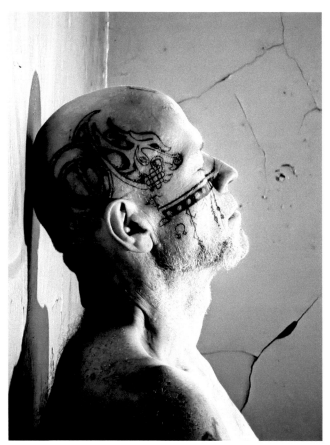

Zögling #32 Foto © CROW

ERINNERUNGEN

Wir kennen uns seit über 30 Jahren, sind vom gleichen Baujahr. Zusammen sind wir durch die Straßen unserer Heimatstadt gezogen, haben zu Judas Priest und Iron Maiden unsere Köpfe mit den damals noch langen Haaren gebangt, haben uns mit Punks und ‚verfeindeten Gangs' geprügelt, haben zusammen gefeiert und getrauert, gelacht und geweint – und nach so einer langen Zeit sollte man meinen, jemanden gut zu kennen. So dachte ich.

Ich habe Bruce für dieses Buch ausgewählt, weil ich wusste, dass er ein anderes Leben hatte oder hat. Anders als die meisten von uns.

Als ich Bruce 1986 kennenlernte, kam er gerade aus einem von vielen Kinderheimen, in das die Staatsmacht der DDR ihn bis zum 17. Lebensjahr gesteckt hatte. Wir waren damals etwa 10 Jugendliche zwischen 16-19 Jahre alt, die sich am Wochenende trafen, um Spaß zu haben. Ich bin mir sicher, dass niemand von uns wirklich ahnte, was Bruce bis dahin durchgemacht hat. Keiner von uns wusste, dass in der DDR systematisch Kinder, deren Eltern das Land verlassen wollten, in Heime und Jugendwerkhöfe gesperrt wurden und dort unter unmenschlichsten Bedingungen gequält, geschlagen, misshandelt und missbraucht wurden. Die meisten dieser Heime waren unter der ‚Fürsorge' von Margot Honecker, der Frau des damaligen Staatschefs der DDR, Erich Honecker.

Bruce war wie wir, einer von uns. Verrückt, lustig und trinkfest. So dachte ich immer. Doch an diesem Nachmittag am Küchentisch in seinem Haus, sitzt mir ein Mann gegenüber, der mir eine Geschichte erzählt, die so unfassbar ist, so tragisch, dass ich es fast nicht glauben mag. Es ist eine Geschichte über Einsamkeit, Angst, Gewalt und über tiefste menschliche Abgründe. Aber auch eine Geschichte über Liebe, Vertrauen und von Wünschen und großen Zielen. Doch allem voran eine Geschichte über Courage.

VOM PAULUS ZUM SAULUS

CROW: Bruce, fang einfach an zu erzählen, wo Du möchtest.

BRUCE: Geboren wurde ich 1970 in Bad Salzungen. Ich bin der zweitgeborene von insgesamt sechs Kindern. Die ersten drei Jahre habe ich noch bei meiner Mutter gelebt. Eines Tages wurde ich dann mit einem Krankenwagen aus dem Kindergarten abgeholt. Meine Oma saß schon in dem Auto mit allen meinen anderen Geschwistern, die ich damals hatte. Von dort sind wir direkt ins Heim gekommen. Ich erinnere mich noch, es war eine Art Vorschulheim in Wernshausen, Thüringen. Ich habe natürlich zuerst einmal nicht begriffen was los war. Angeblich war meine Mutter krank und man musste auf uns aufpassen. Das stimmte natürlich nicht, was die Stasiakten später bestätigten. Ich kam dann noch mal zurück zu meiner Mutter und dann 1975 endgültig weg in ein Heim. Wir Geschwister wurden alle auf verschiedene Heime verteilt. Nur mein großer Bruder konnte von meiner Oma adoptiert werden. Ich war eine Weile mit meiner Schwester im Heim in Wernshausen. Eines Tages kam ein Paket, und jeder durfte sich etwas aus diesem Paket herausnehmen. Die Erzieherin sagte zu mir, dass ich meine Schwester noch mal drücken soll, weil sie heute auszieht.

Da stand dieses Ehepaar in der Tür. Ich durfte meine Schwester noch einmal drücken und dann war sie weg.

Später stellte sich heraus, dass wir alle zur Adoption freigegeben waren. Zu dieser Zeit nannte sich das Inkognito-Adoption. Heute als Zwangsadoption bekannt. Ich habe später über viele Jahre meine Geschwister gesucht und gefunden. Ich hatte auch Kontakt zu den jeweiligen Adoptiveltern. Diese wussten nicht, dass wir mehrere Geschwister waren. Beispielsweise die Eltern einer meiner Brüder sagten mir, sie hätten auch mehrere Kinder adoptiert. Man hätte uns also gar nicht auseinanderreißen müssen, aber hat man eben getan, weil man solche Republikflüchtlinge nicht nachzüchten wollte. In meiner Familie waren viele Republikflüchtlinge. Mein Onkel und meine Tante, mein Großvater wurde an der Grenze erschossen. Er war ein Schmuggler und wohnte in Vacha, Thüringen.

Meine Familie ist aus dem Sperrgebiet verwiesen worden und wurden nach Bad Salzungen zwangsumgesiedelt.

So fing diese ganze Tortur an. Meine Geschwister wurden alle irgendwann adoptiert, aber ich musste diesen Heimweg gehen. Jede Stufe, die es gibt. Jeden Härtegrad mitgemacht. Im Nachhinein wusste ich dann natürlich, dass das alles geplant war. Diese ganzen Härtegrade.

CROW: Was meint Du mit Härtegraden?

BRUCE: Zum Beispiel. Ein Vorschulheim ist wie ein dauerhafter Kindergarten, Kinderheim ist wie Internat ohne Wochenendurlaub. Danach fängt es an mit Spezialheim. Hier bist Du in einer geschlossenen Anstalt mit eigener Schule etc. Dann kam das verschärfte Spezialkinderheim. Hier sind sehr harte Erziehungsmethoden an der Tagesordnung wie Einzelarrest oder andere Bestrafungen als Wiedereingliederungsmaßnahme. Also schon richtig hart.

Die Aufforderung zur Heimeinweisung der Abteilung "Volksbildung" und "Jugendhilfe".
Foto © CROW

Die nächste Stufe war dann der Jugendwerkhof. Hier unterscheidet man den offenen und den geschlossenen Werkhof. Der einzige geschlossene Jugendwerkhof in der DDR war in Torgau. Das war die schlimmste Anstalt, die es überhaupt gab. Hier sind viele junge Menschen zerbrochen. Ich war dort für 16 Tage in Einzelarrest. Nach diesem Programm, was diese Leute dort mit Dir durchgezogen haben, hast Du Kommunistenlieder gezwitschert. Dort wurden Seelen gebrochen. Nächste Stufe war der Jugendstrafvollzug. Danach Gefängnis.

Wäre die Wende nicht gekommen, wäre das alles mein Lebensweg gewesen.

Dort wurden Seelen gebrochen …

CROW: Das alles, obwohl Du nie straffällig gewesen bist?

BRUCE: Ich selbst war niemals straffällig. Ich bekam die Stasiakte meines Vaters erst kürzlich in die Hände. Dadurch habe ich auch erfahren, dass ich nicht nur fünf sondern sechs Geschwister habe. Es kam noch eine Schwester dazu. Die Akte sagte aus, dass immer, wenn mein Vater einen Ausreiseantrag gestellt hat oder politisch aufgefallen war, beispielsweise wurde er einmal ohne Passierschein im Sperrgebiet aufgegriffen, dann hatte das jedes Mal Folgen für mich im Heim. Neue Sanktionen, die immer härter wurden. Ich habe also praktisch die Strafen für meinen Vater erhalten.

Es gab spezielle Heime für die Kinder von politischen Gefangenen. Bad Blankenburg war eines davon. Hier war die schlimmste Einzelarrestzelle, in der ich je gesessen habe. Aus einem großen Stein gehauen. Knapp 1,50m hoch und 1,20m nach innen. Du konntest dort weder stehen noch Dich drehen und liegen war unmöglich. Das Licht war dauerhaft an, damit man nicht schlafen konnte. Hier war ich mehrere Tage eingesperrt.

CROW: Wie muss ich mir das vorstellen? Die haben Dich dann einfach so wegen nichts in Einzelhaft gesteckt?

BRUCE: Nein. Du musst es Dir so vorstellen. In diesen Heimen waren 150 bis 160 Zöglinge, so nannte man uns damals. Alle hatten Nummern. Ich war die Nr. 32. Namen gab es nicht. Hier herrschten Hierarchien, die sich erst dort entwickelt haben. Man ist 24 Stunden zusammen, man isst zusammen, wohnt zusammen, läuft ständig in Reihe zur Toilette und überall hin, da kracht es recht schnell mal.

Was innerhalb dieser Gruppen passiert ist, nun… wie soll ich es erzählen… Es war ein Überlebenskampf. Permanente Gewalt durch Rangkämpfe. Brutale Spiele nachts nach Einschluss. In den Zimmern waren schließlich bis zu 20 Jugendliche. Streitereien wurden dann hier ‚geklärt'. Die Erzieher haben dies noch forciert.

Ein Beispiel: Du warst am Tage auffällig oder hast Fehler, welcher Art auch immer gemacht, dann bedeutete das Fernsehverbot für die ganze Gruppe.

Dann warst Du nachts fällig. Das nannte sich dann Selbsterziehung. Durch rohe Gewalt. Du warst immer in Alarmstellung. Ich persönlich habe immer versucht, nicht in Tiefschlaf zu fallen, damit ich merke, wenn sie mich holen kommen.

Das hat eine Adrenalinsucht bei mir ausgelöst, die ich erst viele Jahre später besiegen konnte. Mit 17 Jahren wurde ich entlassen und mit 28 Jahren konnte ich zum ersten Mal ruhig schlafen.

CROW: Ich verarbeite gerade noch die Tatsache, dass Du nur auf Grund des Verhaltens Deines Vaters auf diesen Lebensweg geschickt wurdest.

BRUCE: Es lag nicht nur allein an meinem Vater. Meine Mutter wurde von meinem Großvater erzogen. Dieser lebte auf einem großen Gut in der Rhön und war ein richtiger Tyrann. Ich habe ihn auch selbst noch erlebt. Er hat meine Mutter auch misshandelt und eigentlich wie Dreck behandelt. Sie kam dann mit 16 in einen Jugendwerkhof und, wie Du ja selbst weißt, warst Du ab diesem Moment in der DDR unter Beobachtung. Ich habe in ihrer Stasiakte kleine Zettelnotizen von ihren ehemaligen Arbeitskollegen gefunden, die auf sie angesetzt waren. Da waren Gesprächsnotizen und Vermutungen. Sie war also ständig unter Beobachtung.

Als ich zwölf Jahre alt war, hat mich meine Oma aus dem Heim geholt. Sie war damals 50 Jahre alt, und ich war zum ersten Mal frei. Ich war dann ein paar Monate an der gleichen Schule wie Du.

Ich war in der 5. Klasse. Doch kurz vor Ihrem 51. Geburtstag ist meine Oma viel zu früh verstorben. In dem Moment wusste ich, dass ich wieder ins Heim nach Zella Mehlis musste, und ab da war ich innerlich komplett leer. Ich war damals körperlich noch nicht so stark und somit wusste ich, was mich im Heim erwartete. Ich war emotional tot.

Geboren als Paulus und gemacht worden zum Saulus.

DER ZUG IN DIE HÖLLE

Ich durfte in dieser Zeit ab und zu mit dem Zug meinen Bruder und meine Mutter besuchen. In diesem Zug wurde ein Schaffner auf mich aufmerksam und setzte sich oft zu Gesprächen neben mich. Recht schnell fing er an, mich zu berühren. Ich war damals erst zwölf Jahre alt. Ich habe diesen Zug oft verpasst und bin zu meinem Bruder getrampt. Und eines Tages hat dieser Mann angeboten, mich zu fahren. Wir kannten uns, und ich habe mir nicht viel dabei gedacht. Er hat dann auf halber Strecke im Wald angehalten. Heute denke ich, dass ich noch Glück hatte, und er mich nicht nach seiner Tat beseitigt hat.

Meine Mutter hat aber gemerkt, dass mit mir was nicht stimmte. Sie hat Anzeige erstattet. Es kam zu einer Verhandlung, wo dieser Mann dann auch verurteilt wurde. Jahre später, ich war bereits in ein anderes, weiter entferntes Heim verlegt worden, habe ich wieder im Zug gesessen, und wer knipst meine Fahrkarte ab? ER!

Nach diesem Zusammentreffen hat man mich nach Freiberg zur Staatssicherheit gebracht und es gab eine Art Scheinverhandlung. Normalerweise wäre ich für sehr lange ins Gefängnis gekommen, aber dadurch, dass ich praktisch als Heimkind von ganz oben schutzbefohlen war, also von Margot Honecker und auch dadurch, dass es in der DDR keinen sexuellen Missbrauch an Kindern gab, wurde alles letztendlich wieder unter den Tisch gefegt. Ich bekam 6 Tage Einzelarrest und das wars.

CROW: Ich verstehe die Story und lasse aber lieber die Details aus. Jetzt warst Du in Heimen, aber wie kommt man dann nach Torgau? Was hast Du angestellt, damit sie Dich dort hingesteckt haben?

BRUCE: Eigentlich nichts. Ich war damals 14 Jahre alt und ich war an dem Punkt, wo ich aufgehört habe, mich schlagen zu lassen. Irgendwann hatten die mich so weit.

CROW: Wer sind DIE?

BRUCE: Alle. Die anderen Kinder als auch die Erzieher. Du wurdest von allen geschlagen und entweder Du knackst weg oder Du wehrst Dich. Ich war zu dieser Zeit noch sehr dünn und eher schwach und habe natürlich anfangs immer verloren, aber wenigstens nicht mehr kampflos.

Sexueller Missbrauch unter den Zöglingen war an der Tagesordnung und gegen diejenigen mit dieser Neigung und einer gewissen körperlichen Überlegenheit konntest Du Dich nicht wehren. Du wurdest verprügelt und anschließend missbraucht. Ich habe in dieser Zeit angefangen sehr viel Sport zu treiben. Fechten, Ringen, Kraftsport usw. Ich war dann nach zwei Jahren DDR Vize-Meister im Ringen in meiner Altersklasse. Ich habe aber mit dem Ringen nur angefangen, um mich wehren zu können.

Einer meiner schlimmsten Peiniger, er war etwa zwei Jahre älter als ich, stand dann eines Tages kurz vor seiner Entlassung. Ich wurde jahrelang immer wieder auf brutalste Weise von diesem Schwein missbraucht und in dem Moment, als er in unser Zimmer kam und verkündete, dass er bald frei sei, legte sich in mir ein Schalter um. In meiner Erinnerung ist nur noch der Moment, als ich auf ihn zugelaufen bin und als ich mit ihm fertig war.

Er lag in seinem Blut und ein Notarzt hat ihn abgeholt. Es war wie eine innerliche Heilung für mich. Ich habe nur noch Schwarz gesehen und in dem Moment, als ich wieder zu mir kam, standen meine Zimmergenossen alle da. Ich habe ihre Blicke gesehen und wusste genau, wen von ihnen dieser Typ noch missbraucht hat. Ich weiß nicht, was aus meinem Peiniger geworden ist, es ist mir auch egal, denn ich habe ihn nie wieder gesehen.

CROW: Das hat Dir Torgau eingebracht?

BRUCE: Ja, denn das Heim, in dem ich war, war eines dieser Heime unter der ‚Obhut' von Margot Honecker. Hier gab es offiziell keine Gewalt oder sexuellen Missbrauch unter den Jugendlichen. Auch keine Gewalt der Erzieher.

Also gab es demzufolge auch keine Gerichtsverhandlung oder etwas ähnliches. Der Fall wurde unter den Tisch gekehrt und für mich ging es nach Torgau.

In Torgau waren die Erzieher auch keine richtigen Erzieher. Hier haben ausgediente Elitesoldaten, Kampfschwimmer usw. ohne jegliche pädagogische Ausbildung Erzieher gespielt. Und das mit voller Härte. Torgau war das schlimmste Heim bzw. Jugendgefängnis, das es gab. Es ist übrigens heute ein Mahnmal. Das war auch der einzige Ort, wo ich später nie wieder war. Alle anderen Heime habe ich zwischenzeitlich wieder besucht, um endlich damit abschließen zu können. Ich kenne viele, die auch in Torgau waren. Keiner von denen hat Torgau je wieder besucht. Es war einfach zu traumatisch.

DER MANN AUS DEN BERGEN

Nach Torgau bin ich dann ins Sachsenland gekommen und das war für mich wie eine Fügung des Schicksals. Ich habe dort einen Menschen kennengelernt, der als Quereinsteiger-Betreuer gearbeitet hat. Dietmar Schnell war ein ehemaliger Schmied mit riesigen Händen, Vollbart und langen Haaren. Ich nannte ihn immer ‚Der Mann aus den Bergen', nach der gleichnamigen Fernsehserie. Er war der erste, der sich die Zeit genommen hat, meine Akte zu lesen, einfach um sich ein Bild von mir zu verschaffen.

Für ihn war ich auch nie der Zögling sondern der Lars; (‚Bruce' amtlicher Name).

Er hat Dich mit Respekt behandelt, solange Du das auch getan hast. Er war ein großer Tierliebhaber und eröffnete mir den Zugang zu Tieren. Durch ihn durfte ich später sogar ein eigenes Aquarium besitzen. Eine kleine Welt mit Verantwortung. Der Kontakt oder besser gesagt die Freundschaft zu ihm, hat über 30 Jahre nach meiner Entlassung angehalten. Ich hatte in seinem Haus sogar ein eigenes Zimmer. Seine ganze Familie hat mich aufgenommen und er war quasi wie mein Vater. Ich habe mit ihm zusammen viele Projekte gemacht, wie zum Beispiel die Kinderarche für Kinder aus schwierigen Verhältnissen mit deren Betreuung und so weiter.

Leider ist er im Jahr 2017 verstorben.

Er war der einzige Mensch in meinem Leben, zu dem ich immer offen und ehrlich sein konnte. Mein ‚Mann aus den Bergen' hat alles von mir gewusst. Hatte ich ein Problem, habe ich nur ihn angerufen, niemanden sonst. Er hat mich aufgefangen. Denn als ich nach 14 Jahren aus dem Heim entlassen wurde, war ich eine geladene Waffe.

Meinen Freunden habe ich mich erst mit 40 Jahren geöffnet. Ich konnte meine Maske ablegen und musste nicht mehr meine heile Welt vorspielen.

Ich war zwar, wie Du weißt, nicht gewalttätig, aber ich bin praktisch den ganzen Tag mit einer ‚Maske' umhergelaufen. Ich musste mich irgendwie durch den Alltag durchbeißen. Einmal im Monat hatte ich eine Sitzung mit einer Schiedskommission, wo ich Bericht erstatten musste. Berichte über mein Leben in ‚Freiheit' und über meinen Alltag. Mir wurden immer viele Fragen gestellt, aber wie ich mit 90 Mark Lehrlingsgeld und 35 Mark Miete überleben sollte, hat mich dort keiner gefragt.

An dieser letzten Einrichtung hängen auch meine stärksten Erinnerungen. Auch wegen meinem Freund und Ziehvater. Immer wenn ich down bin oder unzufrieden mit meinem Leben, fahre ich in dieses Heim, setze mich für 5 Minuten in die Zelle und weiß dann sehr schnell, wie viel ich eigentlich erreicht habe. Weil, andere haben sich aufgehangen oder sind in Süchte verfallen und teilweise jämmerlich verreckt. Das Internet ist voll von Leuten, die sich zu Gruppen zusammengeschlossen haben, und die nie wieder ein normales Leben leben konnten. Da bin ich noch einer der wenigen, die einen Weg gefunden haben, da rauszukommen. Es wird immer ein Teil meines Lebens bleiben, aber ich kann jetzt damit umgehen.

CROW: Deine Wohnung ist sehr beeindruckend. Alles voller Kunst, germanischen Zeichen und Bildern. Ein schöner Ort.

BRUCE: Meine Wohnung ist mein Rückzugsort und mein Versteck. Wie eine Höhle. Hier fühle ich mich geborgen und sicher. Das meiste hier ist selbst gebaut und dadurch habe ich auch zu meinen Möbeln und Bildern eine sehr enge Bindung.

Im alten Germanentum und Schamanismus habe ich meine Rettung gefunden.

Ich hatte ja alle möglichen Therapien bereits durch. Ich habe sogar zusammen mit der Uni Leipzig an Traumatherapien gearbeitet und viel mit Traumatisierten Kindern und Jugendlichen gearbeitet. Weil das ein Psychologe ganz einfach nicht schafft. Es gab damals eine Ausschreibung im Internet, wo die Uni Leipzig Leute gesucht hat, die eben eine Vergangenheit wie ich haben, aber einen Weg da herausgefunden haben. Von über 400 Bewerbern war ich einer der wenigen Ausgewählten. Es hat sich dann gezeigt, dass dieses Projekt recht erfolgreich war, weil sich traumatisierte Kinder einem Opfer, wie ich es ja bin, viel leichter öffnen als einem fremden Psychologen.

CROW: Erzähl mir noch mehr von dem ‚Mann aus den Bergen'.

BRUCE: Wie gesagt, fing das mit den Tieren ja schon im Heim an, eben durch den Kontakt zu diesem Erzieher. Später bei meiner Entlassung im Altern von 17 Jahren, sind wir erst mal, wie Du weißt, durch den ganzen Ostblock getourt, also alles mit dem Zelt bereist. Ostsee, Müritz, Hiddensee usw. Als wir dann zurückkamen und ich meine Lehre begann, merkte ich recht schnell, dass ich hier draußen nicht lange überstehen kann.

Ich bin tatsächlich wieder zurück nach Sachsen ins Heim gefahren und wollte mich wieder einliefern lassen. Das ging natürlich nicht. Ich habe dann angefangen, zusammen mit einigen Erziehern, mir Gedanken zu machen, was man machen kann, um eben einfach zu überleben und um nicht wieder in ein Loch zu fallen, also abzusacken. Anfangs musste ich natürlich noch viel an mir selbst arbeiten und damals noch, ohne mich im Freundeskreis outen zu müssen. Outen als Heimkind und mit dem, was man dort erleben musste. Die größte Herausforderung war, innerlich anders zu denken und zu fühlen, als das, was man nach außen bereit ist zu zeigen. Das ist schwer. Auf manchen Partys, wo wir waren, ging es mir einfach nur dreckig. Ich ging innerlich durch die Hölle, aber draußen war Party.

Zeitgleich musste ich meine Adrenalinsucht ausleben und bekämpfen. Das war eine sehr, sehr harte Zeit. Mein ‚Mann aus den Bergen' hat mich auch hier immer wieder aufgefangen und unterstützt. Ich verdanke ihm nichts weniger als mein Leben.

Ich habe dann recht schnell geheiratet, was nicht lange gehalten hat. Gleichzeitig hat aber die Arbeit mit der Kinderarche Sachsen begonnen. Organisieren von Ferienlagern oder Reisen und so weiter.

Hier und da kamen dann die ersten Tiere dazu. Erst kleinere Tiere, später auch Raben. Ich hatte eine Rabenauffangstation. Dann Wildschweine und Rehe. Danach Hunde und Katzen, Ziegen, Schafe usw.

MEINE SEELENTIERE

Mit Hunden hatte ich von Anfang an eine besondere Beziehung. Das sind meine Seelentiere. Ich habe misshandelte Hunde bei mir aufgenommen und sie betreut, bis ein neuer Besitzer gefunden wurde. Ich habe mich dann beruflich umorientiert und das Tätowieren erlernt. Vom ersten Moment an habe ich diese Kunst eingesetzt, um Hilfsprojekte mit Tieren zu unterstützen oder aufzubauen. Das war schon vor 20 Jahren. Ich habe immer wieder Aktionen für Tierheime gemacht oder Geld für Operationen an Hunden gesammelt usw. Ich hatte auf Tattoo-Conventions oft meinen Stand nur für soziale Projekte bzw. Tierschutz-Projekte. Vorerst noch regional und überregional. Ich habe dann Menschen um mich gescharrt, die ähnlich ticken wie ich, und irgendwann haben wir uns zusammengesetzt und beschlossen, einen Verein zu gründen. Ziel war es, Tierheime Deutschlandweit bei Umbauten, Futterengpässen, Promotion-Projekten etc. zu unterstützen. Letztes Jahr haben wir Projekte im Wert von 500.000 Euro gefahren. Wir arbeiten im Moment an dem ersten sich selbst tragenden Tierheim. Mit nachhaltigem Energiekonzept. Das hat es in Deutschland noch nie so gegeben.

CROW: Wo soll dieses Tierheim entstehen?

BRUCE: Es soll hier in der direkten Nachbarschaft entstehen. Beim letzten Mal habe ich den Fehler gemacht, den Ort zu früh verraten, und plötzlich hatte ein Jagdverein diesen Ort für sich entdeckt und die Ausschreibung dann gegenüber dem Tierschutz gewonnen. Deswegen wird das neue Projekt so lange geheim gehalten, bis es ‚safe' ist.

CROW: Das neue Heim ist speziell für die Wolfshybride?

BRUCE: Ja. Ich habe hier schon eine Warteliste mit 40 Tieren, die nicht vermittelbar sind, und die bekommen dann ein dauerhaftes Zuhause.
Diese Anlage bedarf einiger Besonderheiten an Größe und Sicherheitsvorkehrungen. Das alles ist natürlich sehr kostenintensiv, aber es soll sich lohnen und sich letztlich einfach selbst tragen.

NALA, einer der Wolfs-Hybriden, Foto © CROW

Immer wenn ich down bin oder unzufrieden mit meinem Leben, fahre ich in dieses Heim, setze mich für fünf Minuten in die Zelle und weiß dann sehr schnell, wie viel ich eigentlich erreicht habe.

Foto © CROW

DIE TATTOO ANGELS

CROW: Worum geht es bei den Tattoo Angels? Wie funktioniert ihr?

BRUCE: Weißt Du, alles, was ich tue, mache ich aus tiefster Überzeugung und mit Herzblut. Ich mag es nicht, wenn man eine Show inszeniert, nur damit es vielleicht fürs Fernsehen gut aussieht und so vielleicht Spendengelder sammelt, die dann nicht offengelegt werden.

Bei den Tattoo Angels ist alles transparent. Da lege ich sehr großen Wert drauf. Alles kann zu jeder Zeit eingesehen werden. Das bin ich auch allein schon den Leuten schuldig, die sich von uns tätowieren lassen. Die wollen, wissen was mit ihren Spendengeldern passiert.

CROW: Nur um es zu verstehen. Das Geld, das eure Kunden auf Tierschutzveranstaltungen für die Tattoos bezahlen, spendet ihr in euer Projekt Tattoo Angels. Ihr arbeitet also für lau bzw. kostendeckend?

BRUCE: Ganz genau! Kostendeckend. Ich sage es mal so: Tierschutz und Helfen darf nicht weh tun, sonst macht man es nicht lange. Es nützt ja nichts, wenn man sich die Existenz kaputt macht. Wir bezahlen natürlich bei Veranstaltungen die Mieten oder Hotelkosten. Mittlerweile sind wir international tätig und die weitesten Anreisen sind Tätowierer aus Brasilien. Flüge und Hotels sind dafür gedeckt. Wir teilen dann hier vor Ort unsere Studios mit diesen, zum Teil, internationalen Star-Tätowierern.

Bei Veranstaltungen, die Deutschlandweit passieren, werden die Einnahmen wie folgt verrechnet: 30% Selbstbehalt und 70% wird gespendet. Alle Zahlen werden für alle offengelegt. Jeder, der Interesse hat, kann in unsere Bücher schauen. Das tun wir auch aus dem Grund, weil wir stolz darauf sind, was wir mit unseren Aktionen erreichen können und was wir mit diesem Geld leisten.

Wenn wir beispielsweise einen Materialeinsatz von 15.000€ nehmen, entstehen daraus Projekte im Wert von 50.000 – 60.000€. Kein Tierheim auf dem freien Markt hat solche Gelder zur Verfügung. Darauf basiert die Idee der Tattoo Angels.

Wir haben in Deutschland 20.000 angemeldete Tätowierer verteilt auf 7.200 Studios. Wir versuchen nun, jeden dieser Tätowierer dazu zu bewegen, uns mit ein Tattoo pro Jahr zu supporten. Mindestwert ist hier 120€, also eine Stunde Arbeit pro Jahr für den Tierschutz. Mit bereits mehr als 2.000 registrierten Tattoo Angel Unterstützern sind wir mit diesem Modell die größte Organisation der Welt. Und es werden immer mehr.

Im Moment ist die Situation noch so. Jeder Tätowierer, den ich kenne, hat irgendein soziales Projekt. Sei es was mit traumatisierten Kindern, Hospizen oder etwas mit Tieren. Jeder Tätowierer in Deutschland, den ich persönlich kenne, macht so etwas. Das sind aber meistens nur Tropfen auf den heißen Stein, weil es einfach zu wenig ist …

BETRETEN VERBOTEN

Im Rahmen meiner Recherchen zu diesem Buch fuhr ich zusammen mit Bruce in das ehemalige Kinder- und Jugendheim nach Bräunsdorf bei Chemnitz. Dieser Ort ist heute ein sogenannter 'Lost Place' und eigentlich gilt hier 'Lebensgefahr – Betreten verboten'. Mit 4 Kameras und einem Dutzend Filmrollen bewaffnet, haben wir uns dem Gelände genähert und sofort überkam mich ein sehr unwohles Gefühl. Gleich am Eingang zeigte mir Bruce einen Gedenkstein mit dem Foto eines Mannes. Angehörige eines ehemaligen Insassen haben hier eine Gedenkstätte errichtet. Vor uns sehe ich verlassene Gebäude, Ruinen aus einer schrecklichen Zeit, weniger für mich, aber ganz sicher für Bruce. Wir gehen durch eine verrottete Tür und durch muffig riechende Kellergewölbe hoch in den dritten Stock. Hier befindet sich die Zelle, in der Bruce sechs Jahre lang immer wieder Strafen verbüßen musste. Eine Holzpritsche als Bett, ein Tisch und Stuhl. Alles wurde tagsüber hochgeklappt. Auf dem Tisch liegt ein Strauß vertrockneter Blumen, den jemand dort abgelegt hat. Eine zerbrochene Glühbirne, die damals 24 Stunden brannte, steckt noch in der Fassung an der Decke.

Der Raum ist von innen vollständig mit Gittern ausgekleidet. Jemand hat an die Wand geschrieben: *Hier geschah Furchtbares.*

Der ehemalige Waschraum der Kinder, Foto © CROW

Aus der Fotoserie „Zögling #32" Foto © CROW

*Im alten Germanentum und Schamanismus
habe ich meine Rettung gefunden.*

Zögling #32 – Acrylfarbe, Pen auf Acrylpapier, 36 x 48cm, © CROW

Es geht nicht nur um systematische Folter, Gehirnwäsche und Demütigung. Es geht um das gezielte Auslöschen eines ganzen Volkes. Genozid.

– Reyhan

REYHAN
ZU BESUCH IM MÄRCHENLAND

Foto © CROW

ZU BESUCH IM MÄRCHENLAND

Es war einmal in einem fernen Land im Osten der Welt. Ein Land mit weiten Steppen und majestätischen Bergen. Das Land wurde von seinen Bewohnern Osttan genannt und war Teil eines riesigen, wunderschönen Reiches, dass die Menschen liebevoll Mutterland nannten. Alle lebten in Frieden und Harmonie. Die Felder waren grün, die Weinreben trugen pralle Trauben und das Land blühte in seiner ganzen Pracht. Dort lebte ein junges Mädchen namens Reyhan vom Stamm der Urigen. Die Menschen von Osttan waren sehr glücklich und hatten alles, was sie für ein sorgenfreies Leben brauchten.

Doch das Schicksal hatte etwas Dunkles für Osttan vorgesehen.

ALS DIE DRACHEN KAMEN

Es begann in frühen Jahren als der Himmel plötzlich von Schatten verdunkelt wurde. Aus den Wolken stieg ein geflügeltes Ungeheuer herab – ein Drache, der gefräßig und mächtig war. Der Drache namens Huang Yan war ein riesiger roter Drache. Er ernannte sich selbst zum Kaiser auf Lebenszeit und begann, systematisch das ganze Land zu zerstören. Die meisten Urigen wurden gefangen genommen und in tiefe Höhlen gesperrt, wo sie für ihn arbeiten mussten. Er versklavte die Menschen in Reyhans Heimat und verbot ihnen sogar das Sprechen. Und Huang Yan kam nicht alleine. Es folgten ihm viele kleinere aber nicht minder böse Drachen, die sich überall im Land ansiedelten.

Viele mutige Ritter kamen aus der ganzen Welt und wollten den bösen Drachen töten und das Land befreien. Doch Huang Yan war nicht nur groß und bösartig sondern auch sehr schlau. Er stellte sich nicht zum Kampf mit den Rittern sondern versuchte, sie mit süßer Zunge von seiner Gutmütigkeit zu überzeugen. So erzählte er all diesen tollkühnen Rittern, dass er keineswegs Menschen gefangen hielte. Vielmehr sei er der Beschützer dieses schönen Landes, und dessen Menschen müssten auch nicht in dunklen Höhlen wohnen, sie seien freiwillig in seine ‚Orte der Weisheit' eingezogen, um sich von ihm beschützen zu lassen und von ihm zu lernen. Diese Zauberstätten waren wie glänzende Juwelen inmitten einer dunklen Welt der Unwissenheit. Hier fanden die jungen Seelen Schutz und Erleuchtung. Hier wurden die Geheimnisse der Welt enthüllt, die Geschichten der Ahnen erzählt und die Künste der Literatur und des Wissens gelehrt. Die Lehrer, weise wie die Sterne am Himmel, führten die Schüler auf einen Pfad des Wissens und der Erkenntnis.

An diesen Orten könne man die Schönheit der Worte entdecken, die Geheimnisse der Zahlen lernen und die Kräfte der Gedanken verstehen. Die Schüler wurden zu den Hütern des Wissens und der Weisheit, bereit, die Dunkelheit der Unwissenheit zu vertreiben. An diesen Orten gebe es nur Harmonie zwischen ihm und den Menschen. Diese Lügengeschichten brachten viele der Ritter sogar dazu, sich mit dem Drachen zu verbünden und Handel zu treiben.

Doch die Realität war weit entfernt von diesem Schein. Das Land der Urigen hatte sich in ein düsteres Reich verwandelt. Denn Huang Yan hatte in Wahrheit nur ein Ziel, die Identität der Urigen auszulöschen. Er war voller Hass auf diese Menschen und sperrte sie darum in diese dunklen Höhlen ohne Tageslicht. Die Gründe für die Inhaftierung waren oft absurd – sei es aufgrund ihrer Religion, eines Bartes oder der bloßen Tatsache, dass sie traditionelle urigische Kleidung trugen.

Vom Mutterland wurde nach langem Abstreiten die Existenz dieser Höhlen letztendlich eingeräumt, doch werden die Höhlen als ‚Orte der Weisheit' beschönigt. In Propagandafilmen werden tanzende und lachende ‚Studenten' geschminkt und hübsch angezogen gezeigt. Doch wozu macht man Schriftsteller, Gelehrte, erfolgreiche Geschäftsleute und Künstler, die alle bereits hochgebildet sind, zu ‚Hütern der Weisheit' hinter Stacheldraht?

So zogen die Jahre ins Land und Reyhan hatte die ganze Zeit nur einen Gedanken. Sie wollte fliehen, um der Welt von den schrecklichen Drachen zu berichten.
Eines Tages gelang ihr auch tatsächlich die Flucht in ein Königreich im Norden. Sie wurde dort herzlich aufgenommen und man gab ihr Kleidung und Essen. Die Herrscherin dieses Reiches, Königin Silva, war sehr interessiert an ihrer Geschichte und ermutigte Reyhan, sie aufzuschreiben.

REYHAN ERZÄHLT

Es begann bereits in frühen Jahren, als die Drachen in das Land einfielen und große Nester und Beobachtungsplattformen errichteten. Über die Jahre siedelten sich gezielt immer mehr dieser Drachen in Osttan an und übernahmen so die Kontrolle in den Dörfern und Städten des Landes.

,Draginisierung' wurde das von ihnen genannt. Alte Gebäude sowie Moscheen und heilige Orte unserer Urigen wurden einfach niedergebrannt oder mit Drachennestern überbaut.

So verschwanden auch die Spuren unserer urigischer Geschichte und Kultur.

Wir Urigen wurden systematisch enteignet und entmündigt. Berufsverbote, Religionsverbote, und unzähligen kleineren und größeren Schikanen wurden und werden diese Menschen jeden Tag ausgesetzt. Die Ritter der westlichen Reiche betreiben lukrative Geschäfte in Osttan, währenddessen nicht weit weg von ihren Basaren unsere Kinder, Frauen, Männer, Junge und Alte auf engstem Raum wie Tiere zusammengepfercht und gequält werden.

Westliche Händler wie Busch, Adidas, Microsoft oder Lacoste profitieren von deren Sklavenarbeit. Firmen, wie Siemens, liefern die Überwachungsgeräte für die Höhlen. So werden unschuldige Menschen überwacht und gefangen gehalten.

Osttan ist von den Drachen nicht nur wegen seiner strategisch wichtigen Lage so begehrt, sondern auch weil in unserer heiligen Erde unermessliche Schätze schlummern. Erdöl, Uran, Gold, Eisenerze und die größten Kohlevorkommen der Welt. Hier befindet sich auch das Zentrum des Bergbaus und der Baumwollplantagen.

Insgesamt gesehen, ist es sogar noch schlimmer, denn die Drachen profitieren via Zwangsarbeit von den Höhlen. Es gibt viele Königreiche im Westen der Welt, für die tausende Menschen in den Höhlen arbeiten müssen, um beispielsweise Kleidung herzustellen und andere schöne Dinge – und nur damit sie etwas zu essen bekommen. Es gibt sonst keinerlei Entlohnung. Dazu kommt: Die Drachen verkaufen die Organe der eingesperrten Menschen auf dem verbotenen Basar als halal, für orientalische Königreiche. Das alles passiert in diesem Moment – jetzt gerade.

Es ist nicht nur das Leben in diesen Höhlen. Auch auf dem Land ist die Situation schrecklich.

Es gibt zum Beispiel ein Ritual, das nennt sich ‚Heißt den Weisen willkommen'. Der Weise, das ist: ein Drache. Einer urigischen Familie wird befohlen: Dieser Drache lebt mit Euch für einen Monat. Der Vater ist in den Höhlen und die Mutter ist mit den Kindern allein zu Hause. Der Drache kommt und lebt mit der Familie bei ihnen im Haus, schläft mit der Frau. Wenn sie sich weigert, dann alle ab in die Höhlen

Der neue Kaiser gab unserem Land einen neuen Namen und nannte es ‚Neues Grenzland'. Schon einmal wurde unser schönes Land überfallen. Damals von einem noch grausameren und Eisen fressenden Drachen namens Ma Dong. Er verwüstete das ganze Land und fraß alles, was aus Metall war, auch die Pflüge. Arbeits- und Kochgeräte der Bauern. So konnten diese ihre Felder nicht mehr bestellen oder kochen. Millionen Menschen verhungerten.

Heute gibt es mehr als 1200 Höhlen in Osttan. Etwa drei Millionen Menschen werden dort gefangen gehalten – ohne ein Verbrechen begangen zu haben. Zum jetzigen Zeitpunkt lebt in Osttan keiner mehr, der nicht mehrere Verwandte vermisst.

Ich bin eine von ihnen, schreibt Reyhan. Ich vermisse die Familie meines Onkels. Mein Onkel, seine Frau und die drei Kinder wurden einfach eines nachts aus ihrem Haus gezerrt. Niemand hat je wieder etwas von ihnen gehört oder gesehen.

Mir ist es wie allen Urigen verboten, unsere Stammessprache zu sprechen. Meinem kleinen Bruder wurde der Mund mit Klebeband verschlossen, als er sich mit anderen Kindern in seiner eigenen Sprache unterhielt. Seit vielen Jahren habe ich keinen Kontakt mehr zu meiner Familie in Osttan. Alle Verbindungen zwischen Osttan und dem Mutterland haben die Drachen gekappt. Niemandem ist es seitdem erlaubt, weiterhin Kontakt zu Menschen in anderen Ländern zu haben.

Mein Großvater, Hussein bekam sogar einen neuen Namen. Einen Drachennamen natürlich. Aus Hussein wurde Wu. Dem neuen Namen folgte ein neues Aussehen.

Reyhan erzählt weiter: Unsere Männer tragen alle Bärte; wer aber nicht in den Höhlen landen will, muss den Bart abrasieren. Mein Großvater war ein 70 Jahre alter Mann und weigerte sich, diesem Befehl nachzukommen. Da haben ihm die Drachen die Hände auf dem Rücken zusammengebunden und ihm mit Gewalt den Bart genommen. Der alte Mann schrie: „Was macht ihr da? Ich werde den Bart wieder wachsen lassen." Dafür wurde er für sieben Jahre in die Höhlen verbannt. Ich habe ihn nie wiedergesehen.

Eines Tages wurde auch ich gefangen genommen und in eine Höhle gesteckt. Nach 2 Jahren der Demütigung, Zwangsarbeit und mehreren Vergewaltigungen durch die Drachen-Soldaten wurde ich entlassen - und ich konnte in das nördliche Königreich fliehen. Mein heutiger Aufenthaltsort ist geheim, denn bis heute erhalte ich Drohnachrichten von den Drachen.

Dem Großteil der mutterländischen Bevölkerung ist bewusst, dass die Drachen sie oft belügen, und dass über alle Übel und nicht genehme Wahrheiten das Schweigen ausgebreitet wird.
Die Drachen des östlichen Kaiserreiches verfolgen keine freundschaftlichen Beziehungen oder einen offenen Austausch mit den Königreichen des Westens. Nichts geschieht ohne Hintergedanken. Das Ziel des roten Eroberungsfeldzugs ist die Kontrolle der ganzen Welt. Und dort, wo der Einfluss des großen Drachen wächst, wuchert als erstes die Lüge wie Unkraut und erstickt die Wahrheit.

REYHAN – Acrylfarbe, Pen auf Acrylpapier, 36 x 48cm, © CROW

© CROW

COU-RAGE
DAS KUNST-PROJEKT

WOFÜR STEHST DU EIN?

Diese scheinbar einfache Frage hat in meinem Leben eine Lawine von Gedanken und Selbstreflexionen ausgelöst. Sie hat mir aber auch geholfen, meine Werte, Überzeugungen und mein Engagement genauer zu verstehen. Mit den Porträts auf den folgenden Seiten werde ich meine Überlegungen zu dieser Frage vertiefen und hoffentlich auch Dich dazu anregen, über Deine eigenen Überzeugungen und Dein Engagement nachzudenken.

DIE KRAFT DER KLEINEN DINGE

Wenn wir über den Begriff ‚Courage' sprechen, denken wir oft an Heldentaten, mutige Rettungsaktionen und beeindruckende Leistungen. Doch ich glaube, wahre Courage zeigt sich oft in den kleinen Dingen des Lebens. Es sind die kleinen Handlungen, die in der Lage sind, unsere Realität zu erschüttern und eine neue Dimension zu eröffnen.

Es sind die alltäglichen Entscheidungen, die wir treffen, die zeigen, wer wir sind und wofür wir einstehen. Ein freundliches Lächeln für einen Fremden auf der Straße, das Eintreten für die Rechte eines Kollegen am Arbeitsplatz oder das Schützen der Umwelt durch das Recycling von Plastikflaschen – all diese scheinbar unbedeutenden Handlungen können eine große Wirkung haben. Sie zeigen uns Werte wie Freundlichkeit, Gerechtigkeit und Nachhaltigkeit.

WOFÜR STEHE ICH EIN?

Diese Frage hat mich auch dazu gebracht, über meine Verbindungen und Beziehungen nachzudenken. Stehe ich für meine Familie ein? Bin ich für meine Freunde da, wenn sie mich brauchen? Unsere Beziehungen zu anderen Menschen sind ein wichtiger Teil unseres Engagements und unserer Identität. In schwierigen Zeiten für andere da zu sein und ihnen zu helfen, ist ein Zeichen von echtem Engagement und Menschlichkeit.
Aber was ist mit mir persönlich? Stehe ich auch für mich selbst ein? Das ist eine Frage, die oft übersehen wird. Es geht darum, ob wir uns selbst respektieren und unsere eigenen Bedürfnisse und Werte achten. Stehen wir zu unseren Gedanken, unserer Wahrheit und den Konsequenzen unserer Worte und Handlungen?

DIE STIMME IM HERZEN

Wofür ich persönlich einstehe, ist auch eng mit meiner inneren Stimme verbunden. Wir alle haben eine innere Stimme, die uns leitet und uns sagt, was richtig und falsch ist. Stehe ich für die Stimme in meinem Herzen ein? Höre ich auf meine Intuition und folge ich meiner Lebensaufgabe?

Unsere Lebensaufgabe, unsere Bestimmung, ist etwas, das wir mitbringen, wenn wir auf diese Welt kommen.

Sie ist ein Teil von uns, der uns einzigartig macht. Doch oft verstecken wir uns vor unserer Bestimmung aus Angst vor Ablehnung oder Unsicherheit. Die Courage, unsere Bestimmung zu leben und zwar konsequent, ist eine der größten Formen des Engagements.

DIE IDEE DER FREIHEIT

Freiheit, bedingungslose Liebe und lebendige Leidenschaft. Die Freiheit, unser Leben selbst zu gestalten, unsere Meinungen zu äußern und unsere eigenen Entscheidungen zu treffen. Diese Freiheit ist ein kostbares Gut, das es zu schützen und zu verteidigen gilt.

BEDINGUNGSLOSE LIEBE

Die Liebe, die nicht auf Bedingungen oder Erwartungen beruht, sondern einfach da ist. Sie ist die Kraft, die Menschen verbindet und die Welt zu einem besseren Ort macht. Bedingungslose Liebe erfordert Mut, denn sie bedeutet, sich selbst zu öffnen und verletzlich zu sein.

BENDIGE LEIDENSCHAFT

Die Leidenschaft, die uns antreibt und uns lebendig fühlen lässt. Es ist diese Energie, die uns dazu bringt, für das einzustehen, was wir lieben, leben und sind. Leidenschaft treibt uns an, Hindernisse zu überwinden und unsere Träume zu verwirklichen.

GEDANKEN

Es sind die kleinen Handlungen, die Beziehungen zu anderen Menschen, die Verbindung zur inneren Stimme, die Courage, die eigene Bestimmung zu leben, und die Werte der Freiheit, bedingungslosen Liebe und lebendigen Leidenschaft.

Die Frage „Wofür stehe ich ein?" hat mir geholfen, meine Überzeugungen zu klären und mein Engagement zu stärken. Ich ermutige Dich, Dir ebenfalls Gedanken darüber zu machen, wofür Du stehst. Denn in den Antworten auf diese Frage liegt oft die Essenz dessen, was uns als Menschen ausmacht.

WAS IST MIT DIR?

Und wie sieht es mit Dir persönlich aus? Stehst Du auch für Dich ein? Ich meine, stehst Du ein für Deine Gedanken, für Deine eigene Wahrheit? Deine gewählten Worte und Deine daraus resultierenden Handlungen?

Stehst Du ein für die Stimme in Deinem Herzen und die Lebensaufgabe, die Du mitgebracht hast? Lebst Du Deine Bestimmung, ohne Dich zu verstecken? Bist Du frei und lebendig und liebst Du mit Deinem ganzen Sein ohne jegliche Bedingung?

Also stehe für das ein, was Du wirklich liebst, lebst und bist!

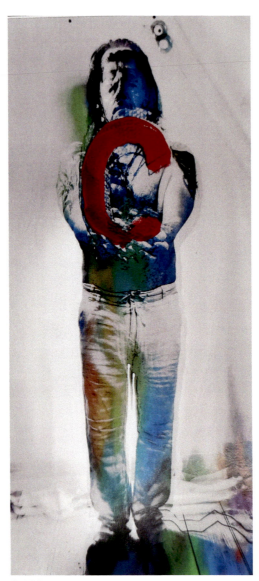
© CROW

CROW

Die Begegnung mit Gao Zhen von den GAO BROTHERS, deren Werke mit politischen und sozialen Bezügen sehr stark und kritisch Stellung nehmen, war sehr prägnant und hatte großen Einfluss auf mein weiteres Denken und Schaffen als Künstler und als Mensch. Wir wurden Freunde und mir wurde immer mehr klar, dass ich mehr wollte als ‚nur' Bilder malen, die meine eigene innere Welt reflektieren. Ich wollte meine Umwelt besser wahrnehmen und machte mich auf die Suche. Ich wollte Meschen treffen, die, wie mein Freund Gao Zhen, von der Gesellschaft als Außenseiter betrachtet werden, ja teilweise gemieden, ausgegrenzt oder beschimpft werden. Ich wollte verstehen und ihre Geschichten erzählen.

Mit COU-RAGE will ich ein Bild von Menschen zeigen, die die Notwendigkeit für das Unmögliche zu kämpfen erkannt haben, um den unmöglichen Frieden in uns zu berühren und um ein Bild von ihm zu erstellen.

© CROW

SABINE

Schon in meiner Jugend habe ich festgestellt, dass ich anders bin. Relativ schnell war mir klar, dass ich im falschen Körper lebe. Ich war nie richtig glücklich, hatte Depressionen und Selbstmordgedanken. Ja, ich empfand Wut. Eine Wut gegen mich selbst.

An Weiberfasching 2015 war ich dann mit einer Freundin als Frau verkleidet unterwegs. Es fühlte sich so gut an, dass mir klar wurde, wenn ich nichts ändere, werde ich niemals richtig glücklich sein. Mit Mut und der richtigen Einstellung: „Wer ein Problem mit mir hat, kann es gern behalten, ist ja sein Problem und nicht meines." ging es Schritt für Schritt voran. Der Januar 2018 war für mich mit Beginn einer Psychotherapie der Start einer langen Reise. Mit jedem Schritt hab ich mich besser und ausgeglichener gefühlt. Jeder Schritt hat mich stärker gemacht, mein Selbstbewusstsein gestärkt und ich hatte die Courage den richten Weg zu gehen. Aus Stefan wurde Sabine und ich habe durch das – zu mir stehen – meinen inneren Frieden gefunden.

© CROW

REYHAN

Parabel, die auf einer wahren Begebenheit beruht.

© CROW

THOMAS

Rassismus verlernen?

Jamaikanische Mutter, dänischer Vater und aufgewachsen in den unterschiedlichsten Ländern dieser Welt, weiß Thomas: Rassismus drückt sich nicht nur in Gewalt aus – auch in Gedanken, Worten und Taten. In langen Gesprächen, die oft auch bis weit nach Mitternacht reichten, diskutierten wir immer wieder darüber, dass es ohne Frage ein Problem ist für Menschen, die diskriminiert, bedroht oder angegriffen werden. Es ist aber auch ein Problem für diejenigen, die selbst nicht rassistisch diskriminiert werden, denn es zeigt auf, wie viele Menschen nicht von der Gleichwertigkeit aller ausgehen. Nicht von Rassismus betroffen zu sein, ist mit sozialen, politischen und kulturellen Privilegien verbunden. Dabei stellten wir immer wieder eine Frage: Kann man Rassismus wieder ‚verlernen'?

Rassismus ist tief in die Gesellschaften eingeschrieben und seit Jahrhunderten eine wirkmächtige Ideologie der Missachtung und Unterdrückung des Anderen. Wir müssen Rassismus in seinen strukturellen, alltäglichen und verdeckten wie auch offenen gewalttätigen Formen erkennen, ernst nehmen und ihm entschieden begegnen.

© CROW

LIUSHOU ERTONG

Die zurückgelassenen Kinder

Viele Chinesen aus ländlichen Regionen arbeiten in Industrieregionen, weit entfernt von zu Hause. Ihre Kinder lassen sie zurück, bei Großeltern oder in behelfsmäßigen Internaten. Mehr als 60 Millionen Kinder sind betroffen und sie wachsen unter widrigen Umständen auf. Sehen ihre Eltern oft nur einmal im Jahr. Die Wanderarbeiter in den Städten sind Bürger zweiter Klasse. Sie haben weniger bis gar keine Rechte, viele Sozialleistungen fehlen ihnen. Und ihre Kinder haben kaum eine Chance, in eine städtische Schule zu kommen, also bleiben sie zu Hause in der Provinz und dort ohne Förderung. 60 Millionen Kinder sind davon betroffen, 40 Prozent der Kinder in den ländlichen Gebieten. So viele leben ohne Eltern in ihrem Heimatdorf. Wenn sie Glück haben, kümmern sich Verwandte um sie, sonst sind sie auf sich alleingestellt. Sie sind die LIUSHOU ERTONG, die Zurückgelassenen. Nach wenigen Jahren Schule werden die Kinder dann ungelernte Arbeiter, so wie ihre Eltern. Das ist ein Kreislauf der Armut. Einmal im Jahr, am Neujahrstag, finden die Familien wieder zusammen. Vielleicht. Dann besuchen die Eltern ihre Kinder in der Heimat. Wenn es klappt. Sonst sehen sie sich erst ein Jahr später.

© CROW

ITAY

In puncto 'diverse Kulturen' sind Berlin und Tel Aviv avant-garde. Schwul, lesbisch, divers usw., alles ist erlaubt und wird gelebt. In der Großstadt! Aber schon in den Randbezirken und tiefer in der Provinz wächst das diskriminierend und rassistisch nationalistische Denken gegen alle die, die anders sind. Das betrifft auch Deutsche gegen Deutsche. Wie ist es mit der Kombination Jude und schwul? Wie tolerant ist da jeweils die deutsche und die jüdische Gesellschaft? Für Juden in der Diaspora und da wie gesagt in einer Metropole ist das vielleicht kein Problem.

Fundamentalistische Gruppen vor allem im deutschen Osten aber reagieren darauf aggressiv gewalttätig. Auch jüdische Familien, wenn wir an die Orthodoxen denken, dulden schwule Juden nicht und bestrafen sie durch Exkommunizieren – also mit Ächtung.

Deutscher und schwul. Jude und schwul.

Was ist da für faschistisch orientierte Rassisten hier oder für religiös Orthodoxe dort schlimmer? Beides ist je nach dem Ort oder der Gesellschaftsräume immer noch ein rotes Tuch.

KIMIA

Masha Amini war vor ihrem Tod von der iranischen Sittenpolizei festgenommen worden, weil sie ihr Kopftuch nicht richtig getragen haben soll. Was nach ihrer Verhaftung geschah, ist unklar – doch ihr Schicksal ist kein Einzelfall.
Und es sind diese Bilder, die um die Welt gehen: Bilder von brennenden Kopftüchern auf der Straße, von Frauen, die ums Feuer tanzen, die ihr Haar zeigen, Bilder von Demonstranten, die Polizeiautos zerstören und Regierungsgebäude einnehmen. Aber auch Bilder von blutüberströmten Protestierenden, teils sogar Kindern und Jugendlichen, Bilder von den Menschenmassen, die Freiheit und den Sturz des Regimes fordern, aber von den schlagenden Kräften dieses Regimes, den Basij-Milizen und der Revolutionsgarde, brutal niedergeschlagen werden.

Diese Wut all der Frauen, Unterdrückten, ethnischen Minderheiten des Landes äußert sich seit Jahren auf den Straßen in mehreren Regionen und Städten des Landes.

Nicht erst seit dem Tod der 22-jährigen Mahsa Amini gehen im Iran Menschen auf die Straßen, um gegen die Unterdrückung durch das iranische Regime zu kämpfen. Frauen wie Männer – und sie riskieren dabei ihr Leben. Kimia ist eine von ihnen.

DANKSAGUNG

Mein Dank gilt all meinen Gesprächspartnern, die bereit waren, mir ihre Geschichten zu erzählen, und allen, die dazu beigetragen haben, dass es dieses Buch gibt und die mich bei der Arbeit begleitet und inspiriert haben.
Gao Zhen, Rainer Langhans, Ekatarini Alexiadou, Ingeborg Rübsam (†), Wu Shang, Sabine Schleyer, Carsten König, Lars ‚Bruce' Luck, ‚Reyhan', Thomas, Michael Palms, Kimia, Itay sowie Catharine J. Nicely, Susanne Matz, und Mirella. Mein besonderer Dank geht auch an Shan He und Joyce Liu.

Der Autor

CROW ist ein deutscher Künstler, der 1970 in Thüringen geboren wurde; nach der Wende zog es ihn raus in die Welt.

Als Musiker betourte er zahlreiche Länder, bevor er sich nach Aufenthalten in Skandinavien und in der Schweiz ganz seiner eigenen bildenden Kunst widmete und sich in Shanghai und Tokio niederließ. In China traf CROW auf die GAO BROTHERS, deren Werke sehr stark mit politischen und sozialen Aussagen aufgeladen sind. Und mit der Zeit entstand eine enge Freundschaft zwischen den Künstlern. In einem Land, in dem die Meinungsfreiheit nicht als Recht anerkannt wird und in dem die wachsende Kluft zwischen dem Ideal und der Realität der chinesischen Gesellschaft unüberbrückbar zu sein scheint, weil sie aufgrund von systemischer Korruption und gesellschaftlichem Konkurrenzkampf – statt sich zusammenzuschließen – gegeneinander agierten und agieren, wodurch die Gesellschaft immer wieder retardiert, fand CROW zuletzt nicht mehr genug künstlerischen Freiraum für seine eigene Arbeit.

Im Jahr 2020 zog der Maler, Musiker, Fotograf und Performance-Künstler zurück nach Deutschland, wo er in seinem Studio in Bamberg arbeitet.

In der Zeit in Asien entstanden großformatige Gemälde und Zeichnungen, Fotografien und Installationen, in denen der Künstler sich mit dem menschlichen Sein auseinandersetzt und das menschliche Schicksal der Vergänglichkeit in seinen Werken existenziell ergründet.

CROWs Gemälde leben von der hingebungsvollen Kraft der Melancholie und anderen Gefühlen, die sich darin verbergen. Er folgt damit der Konzeption, dass große Kunst großes Leid voraussetzt und der rezipierende Genuss von Kunst implizit bedeutet, dieses Leid quasi miterleben zu wollen.

Sein Stil zeichnet sich aus durch eine harmonische Verwendung figurativer Elemente und sehr starker Pinselstriche auf mehreren Ebenen. Er dekonstruiert sein Thema und hebt dessen dreidimensionalen Qualitäten heraus.

Die gleiche Technik verwendet er auch in seinen Fotografien, die er im fließenden Übergang in seine Mixed-Media Arbeiten erweitert.

Seine Kunst schöpft er aus seinen persönlichen Erfahrungen und Beobachtungen, die er in eindrucksvollen Strukturen in seinen Arbeiten verarbeitet, offenlegt und dabei eine neue und andere Sicht auf die Dinge erzeugt.

CROWs Installationen inszenieren einen metamorphen Suchlauf in die menschliche Entwicklung und zu ihren Wurzeln und spiegeln darin ihr neues Dasein. Seine Installationen öffnen ein Sichtfeld für die schwindende Bindung des Menschen zur Natur und dem damit einhergehenden unachtsamen Umgang mit unseren Lebensgrundlagen.

Im Kunstgenre seiner ausdrucksstarken multimedialen Performances kombiniert CROW seine eigene Poesie aus Songtexten, Lesen und Musik, die von zufälligen Prozessen bestimmt werden.

Die Arbeiten von CROW werden international ausgestellt und sind in zahlreichen Privatsammlungen und Museen vertreten.

Bibliografische Information der Deutschen Nationalbibliothek
Die Deutsche Nationalbibliothek verzeichnet diese Publikation in der Deutschen Nationalbibliografie;
detaillierte bibliografische Daten sind im Internet über http://www.dnb.de abrufbar.

ISBN: 978-3-96258-176-3

Erste Auflage 2024, PalmArtPress, Berlin
© 2024 CROW

Coverabbildung: CROW
Gestaltung: NicelyMedia
Druck: JBconcept
Hergestellt in Europa

Ganz im Sinne der Nachhaltigkeit wurde diese Publikation
auf FSC-zertifiziertem Papier klimaneutralgedruckt

PalmArtPress
Verlegerin: Catharine J. Nicely
Pfalzburgerstr. 69, 10719 Berlin
www.palmartpress.com

Aus dem Programm von PalmArtPress

Yang Lian
Erkundung des Bösen
ISBN: 978-3-96258-128-2
Lyrik, 86 Seiten, Hardcover, Deutsch

Feodora Hohenlohe / Jürgen Rennert
Hohenloher Sonette
ISBN: 978-3-96258-147-3
Kunst / Lyrik, 320 Seiten, Hardcover, Deutsch

Axel Dielmann
Triz. Baumchronist
ISBN: 978-3-96258-156-5
Kunst-Erzählung, 90 Seiten, Hardcover, Deutsch

Wolfgang Hegewald
Senf zum Dessert – *Fast ein Heimatroman*
ISBN: 978-3-96258-174-9
Erzählungen, 180 Seiten, Hardcover, Deutsch

Martina Kohl
Family Matters – *Vom Leben in zwei Welten*
ISBN: 978-3-96258-134-3
Gedichte, 244 Seiten, Hardcover, Deutsch

Ulrich Horstmann
Nach Auffinden des Flugschreibers
ISBN: 978-3-96258-146-6
Gedichte und Kurzprosa, 178 Seiten, Hardcover, Deutsch

Wolf Christian Schröder
Fünf Minuten vor Erschaffung der Welt
ISBN: 978-3-96258-113-8
Roman, 320 Seiten, Hardcover, Deutsch

Eve Joseph
Wortgefechte
ISBN: 978-3-96258-060-5
Miniaturen, 90 Seiten, Hardcover, Deutsch

Boris Schapiro
Andere Kodes
ISBN: 978-3-96258-180-0
Gedichte, 66 Seiten, Klappenbroschur, Deutsch

Wolfgang Kubin
102 Sonette
ISBN: 978-3-96258-104-6
Gedichte, 128 Seiten, Hardcover, Deutsch

YoYo
One Man's Decision to Become a Tree – Beijing – London Quartat
ISBN: 978-3-96258-136-7
Vier Novellen, 268 Seiten, Klappenbroschur, Englisch

Juan Ramón Jiménez
Tagebuch eines frischvermählten Dichters
ISBN: 978-3-941524-97-2
Lyrik, 274 Seiten, Hardcover, Übers. Leopold Federmair

Hajo Jahn
Die Facetten des Prinzen Jussuf – Ein Lesebuch über Else Lasker-Schüler
ISBN: 978-3-96258-106-0
Lesebuch, 192 Seiten, mit farb. Abb., Hardcover, Deutsch

Nicanor Parra
Parra Poesie
ISBN: 978-3-941524-78-1
Lyrik Übertragung I. Brökel, mit Abb. Ulrike Ertel, 60 Seiten
Hardcover, Spanisch/Deutsch

Wolfgang Nieblich
Mauersplitter – *Eine deutsch-deutsche Künstlerbiographie*
ISBN: 978-3-96258-038-4
Kunst, 400 Seiten, Hardcover, Deutsch

Klaus Ferentschik
Ebenbild – *Agententhriller mit tiefenpsychologischer Bedeutung*
ISBN: 978-3-96258-132-9
Roman, 200 Seiten, Hardcover, Deutsch

Michel Deguy
Wär nicht das Herz
ISBN: 978-3-96258-091-9
Gedichte, Übers. L. Federmair, Nachwort Jean-Luc Nancy, 100 Seiten
Hardcover, Deutsch

Carmen-Francesca Banciu
Ilsebill salzt nach
ISBN: 978-3-96258-130-5
Briefroman, 320 Seiten, Hardcover, Deutsch